LES DEUX FRÈRES.

YTh
873

Je place la présente édition sous la sauve-garde des loix et de la probité des citoyens. Je déclare que je poursuivrai devant les tribunaux, tout *contrefacteur* ou *débitant* d'édition contrefaite; et que je réclamerai contr'eux l'entière exécution des loix, concernant les propriétés littéraires. Paris, le 1er fructidor an 7 de la République.

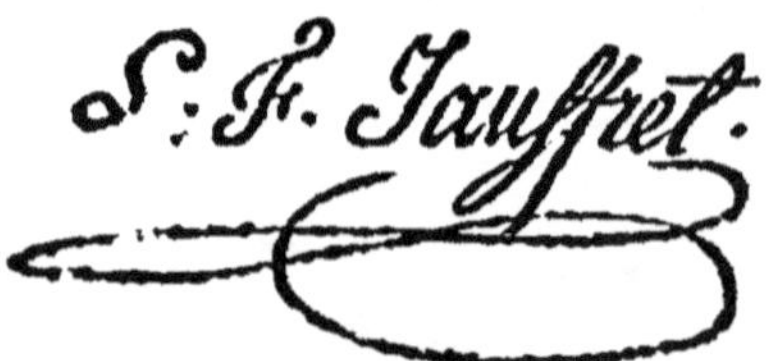

Les exemplaires ont été fournis à la Bibliothèque nationale.

N.° 3

LES DEUX FRÈRES,

COMÉDIE EN QUATRE ACTES,

EN PROSE,

TRADUITE DE KOTZEBUE,

Et arrangée pour la Scène française par M. Weiss, L. F. Jauffret et J. Patrat:

Représentée pour la première fois le 11 thermidor an VII, au Théâtre Français de la République.

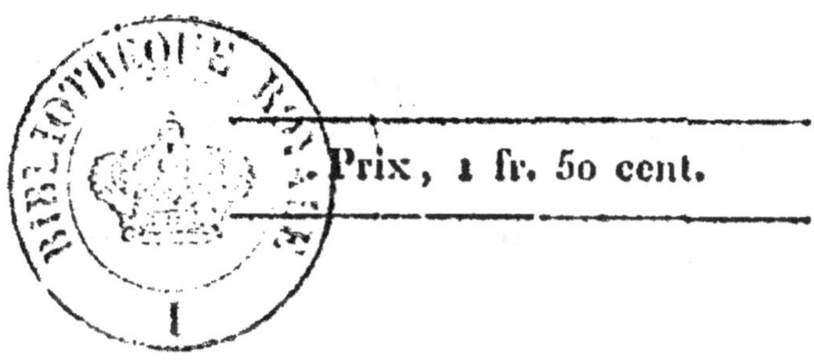

Prix, 1 fr. 50 cent.

A PARIS,

Au Bureau des Éditeurs du théâtre de Kotzebue, rue de Vaugirard, n°. 1201, derrière l'Odéon;

Et chez tous les Marchands de Nouveautés.

AN VII.

PERSONNAGES.	ACTEURS.
	Les Citoyens
Le Docteur BLUM, Médecin.........	*Monvel.*
FRANÇOIS BERTRAND, ancien Capitaine de vaisseau..................	*Baptiste l'aîné.*
PHILIPPE BERTRAND, Receveur des tailles..........................	*Lacave.*
(François et Philippe sont frères jumeaux.)	
BULLER, ancien Matelot............	*Michot.*
RAFFER, Procureur.................	*Larochelle.*
	Les Citoyennes
CHARLOTTE, fille de Philippe.......	*Mezeray.*
Madame WOLF, Gouvernante de François.	*Suin.*
ANNE, Servante de Philippe..........	*Lachassaigne.*

La scène se passe en Allemagne. Le théâtre représente, au premier acte, une promenade publique, garnie de bancs de pierre. La maison de Philippe est sur le devant de la scène, à la droite des acteurs, derrière l'allée d'arbres.

Nota. Les noms des personnages placés au commencement de chaque scène, indiquent la situation des acteurs, en commençant par la droite.

LES DEUX FRÈRES.

ACTE PREMIER.

SCÈNE PREMIÈRE.

RAFFER, seul.

(Il se promène en réfléchissant.)

CELA va mal, cela va mal. — Quel parti prendre? Je suis honnête homme! oh! certainement. Mais enfin je suis procureur, et si ma probité ne s'accordait pas avec mes intérêts, je me ferais siffler de tous mes confrères. — Le procès qui divise les deux frères Bertrand me faisait espérer que la gouvernante du Capitaine serait son héritière; cela m'arrangeait.... mais sans cette condition, l'épouse qui voudra : ce ne sera pas moi. — C'est ce diable de médecin qui dérange tous mes projets. Il empêche le Receveur de mourir; il se charge des affaires du Capitaine, et malgré mes assiduités auprès des deux plaideurs, je ne suis employé ni par l'un, ni par l'autre. — (Anne sort en balayant.) Voici la vieille servante du Receveur; tâchons de savoir où en sont les choses.

A

SCÈNE II.

ANNE, sortant de la maison de Philippe; RAFFER.

RAFFER.

BONJOUR, Anne.

ANNE.

Ah, bon Dieu! vous vous promenez de bonne heure.

RAFFER.

Il fait si beau! Comment se porte votre bon maître?

ANNE.

De mieux en mieux; il a bien dormi cette nuit, et je crois même qu'il n'est pas encore éveillé.

RAFFER.

C'est un excellent homme!

ANNE.

Il n'a pas son pareil.

RAFFER.

Et sa fille?

ANNE.

C'est un ange.

RAFFER.

Vous avez là une agréable condition, et je vous conseille de vous y tenir.

ANNE.

Oh! sans doute, je m'y tiendrai; et où trouverais-je ailleurs de si dignes gens? Il est vrai que nous sommes un peu courts du côté de la nourriture; mais mon maître et sa fille vivent du même ordinaire que moi; et quand c'est l'amitié qui distribue les portions, on ne regarde pas si elles sont grandes ou petites.

RAFFER.

Ils sont donc bien gênés?

ANNE.

Pardi! pour conserver sa place, il en a cédé les appointemens à celui qui l'exerce depuis sa maladie, et vous sentez bien....

RAFFER.

Sa fille doit être une grande charge pour lui.

ANNE.

Elle? au contraire; c'est à son travail qu'il doit une partie de son entretien, et c'est par ses soins qu'il a recouvré la santé: oh! que de nuits elle a passées sans fermer l'œil!

RAFFER.

Pauvre enfant!

ANNE.

Lorsque son père était si mal que nous perdions toute espérance, je la voyais se mettre à genoux dans tous les coins de la chambre. Elle pleurait, elle invoquait le ciel pour son père; mais si-tôt qu'il appelait: Charlotte? hé vîte, elle séchait ses larmes, et feignait de reprendre un air serein, pour ne pas lui montrer son trouble.

RAFFER.

Est-il parfaitement rétabli?

ANNE.

Il a bien encore un peu de toux; mais le cher Docteur assure qu'elle se dissipera bientôt tout-à-fait.

RAFFER, avec amertume.

Le cher Docteur!

ANNE.

Que voulez-vous dire?

RAFFER.

Il n'est pas tant son ami qu'on le croit!

ANNE, étonnée.

Le docteur Blum?

RAFFER, avec confidence.

C'est lui qui m'empêche de terminer son procès.

ANNE.

Que me dites-vous là? voilà quinze ans qu'il dure, ce maudit procès: quinze ans plaider contre un frère! et pourquoi encore? pour un petit jardin situé ici près, là, au bas de la montagne; qui ne vaut pas.....

RAFFER.

J'aurais arrangé cette affaire à l'avantage de votre maître; mais le Docteur qui veut servir le Capitaine, l'a empêché de me donner ses pouvoirs.

ANNE.

Il devrait rougir, ce vieux Capitaine, si riche.

RAFFER.

Il déteste son frère.

ANNE.

Qui aurait dit cela, lorsque je soignais son enfance? Il était vif, même un peu brusque : mais son cœur était excellent.

RAFFER.

Avertissez votre maître, qu'il doit se méfier de cet homme.

ANNE, voyant son maître.

Eh! le voilà! il n'était pas encore sorti.

SCÈNE III.

RAFFER, ANNE, PHILIPPE, CHARLOTTE.

(Philippe et Charlotte sortent de leur maison, et vont s'asseoir sur le banc à gauche.)

PHILIPPE, avec une gaîté douce.

LAISSE-MOI m'asseoir sur ce banc, ma fille. J'y respirerai l'air du matin. — Cette première sortie va me donner plus d'appétit. Anne, je déjeûnerai aujourd'hui de meilleure heure qu'à l'ordinaire.

ANNE.

Je vais chercher votre petit pain à la ville.

PHILIPPE.

Ne t'amuse pas?

ANNE.

N'ayez pas peur. Oh! voilà un jour qui sera heureux! il commence bien.

SCÈNE IV.

RAFFER, PHILIPPE, CHARLOTTE.

RAFFER, à Philippe,

SOUFFREZ que je vous félicite sur votre rétablissement. (il salue Charlotte.)

(Charlotte lui rend son salut froidement, et reste debout au-devant de la scène.)

PHILIPPE.

Bien obligé.—Il y a long-temps que nous ne vous avons vu.

RAFFER.

J'ai tant d'affaires!—S'est-il passé quelque chose de nouveau pendant mon absence?

PHILIPPE, gaîment.

Assurément.

RAFFER, avec intérêt.

En vérité?

PHILIPPE, de même.

De très-important même.

RAFFER, avec curiosité.

Quoi donc?

PHILIPPE, riant.

J'ai recouvré la santé.

RAFFER, d'un air contraint.

J'en suis enchanté!

PHILIPPE.

Je vous remercie.

RAFFER.

Le printemps achèvera de vous rétablir.

PHILIPPE.

Je l'espère.

RAFFER.

Quelques promenades à votre jardin....

PHILIPPE, avec un sentiment douloureux.

Ah! ne me parlez pas du jardin!

RAFFER.

Pourquoi donc?

PHILIPPE.

J'aimerais mieux qu'un volcan se fût entr'ouvert sur ce terrein et l'eût englouti : on n'aurait pas vu deux frères vivre dans l'inimitié depuis plus de quinze ans, pour un objet de si peu de valeur. La poursuite de ce malheureux procès m'a ruiné.

RAFFER.

Vous m'étonnez.

PHILIPPE.

Pourquoi?

RAFFER.

C'est la première fois que je vous entends tenir ce langage.

PHILIPPE.

Apparemment il a fallu que mon corps devînt malade, pour que mon esprit pût concevoir une idée saine.

RAFFER.

Lorsqu'on est persécuté par un frère injuste, et qu'on a, comme vous, le bon droit de son côté....

PHILIPPE.

Lorsqu'on a été comme moi sur le point de comparaître au tribunal suprême, où les droits des hommes sont appréciés ce qu'ils valent, on renonce volontiers à la manie d'avoir raison.

RAFFER.

Ainsi, vous vous laisserez dépouiller?...

PHILIPPE.

Je ne veux plus entendre parler de procès, et j'ai donné au docteur Blum le plein pouvoir de terminer le fatal différent devant le tribunal de paix.

RAFFER, *effrayé.*

Parlez-vous sérieusement?

PHILIPPE.

Je vous dis la vérité.

RAFFER.

Devant le tribunal de paix?

PHILIPPE.

Devant le tribunal de paix.

RAFFER.

On vous tend un piége.

PHILIPPE.

Le Docteur est trop honnête homme pour le souffrir.

RAFFER.

Votre frère, qui vous déteste, gagnera le juge.

PHILIPPE.

Hé bien! je lui laisserai le jardin; à mon âge, on

a besoin de repos ; et d'ailleurs mes facultés ne me permettent plus de plaider.

RAFFER.

Mon bon ami, vous n'avez pas assez de confiance en moi, vous ne connaissez pas mon cœur ; chargez-moi de tout, et....

PHILIPPE.

Pas possible.

RAFFER.

Je connais votre situation.

PHILIPPE.

Je ne cherche point à la cacher.

RAFFER.

Vous êtes endetté.

PHILIPPE.

Ma conscience est pure.

RAFFER.

Je m'occupe, sans vous le dire, du soin de procurer à mademoiselle une place....

CHARLOTTE, courant à son père, et mettant la main sur son cœur.

Ma place... la voilà !

SCÈNE V.

RAFFER, ANNE, revenant de la ville; PHILIPPE, CHARLOTTE.

ANNE, portant le petit pain et deux papiers.

Je n'ai pas été long-temps, j'espère ?

PHILIPPE.

Non, va vîte faire mon déjeûné.

ANNE.

Tout de suite : que je vous donne d'abord ces deux quittances.

PHILIPPE.

Quelles quittances ?

ANNE.

L'une est du propriétaire de la maison pour le loyer.

PHILIPPE, *affligé.*

Hélas ! je ne suis pas en état de le payer dans le moment.

ANNE.

Il est payé.

PHILIPPE, *étonné.*

Payé ! par qui ?

ANNE.

Dame, je ne sais pas.

PHILIPPE.

Qui t'a remis cette quittance ?

ANNE.

Le propriétaire.

PHILIPPE.

T'a-t-il dit en avoir reçu le montant ?

ANNE.

Oui, il me l'a dit.

PHILIPPE.

Est-il possible ?

ANNE.

L'apothicaire qui pendant votre maladie....

PHILIPPE.

Ah ! dis-lui bien de ma part qu'il sera le premier payé.

ANNE.

Il l'est.

PHILIPPE.

Il l'est ?

ANNE.

Voyez... la quittance est au bas du mémoire.

PHILIPPE, après y avoir jeté les yeux.

Que dois-je penser ?

CHARLOTTE.

Qu'il est encore des sentimens d'humanité parmi les hommes.

PHILIPPE.

Ma fille, je n'avais pas besoin de ce nouveau bienfait pour en être convaincu.

ANNE, rentrant chez Philippe.

Dans un moment votre déjeûné sera prêt.

SCÈNE VI.

RAFFER, PHILIPPE, CHARLOTTE.

PHILIPPE.

MAIS pourquoi se cacher ?

CHARLOTTE.

Celui qui nous oblige avec tant de délicatesse ne peut pas dédaigner nos remercîmens, mais il veut nous en dispenser.

PHILIPPE.

Un cœur sensible a besoin d'épancher sa reconnaissance ; mon cher Raffer, ne soupçonnez-vous personne ?

RAFFER, affectant un air de discrétion.

Moi ?.... mais.... non.

PHILIPPE.

Que signifie ce haussement d'épaules ? ne pouvez-vous pas, ou ne voulez-vous pas m'instruire ?

RAFFER.

Si vous connaissez vos véritables amis, qu'est-il besoin d'explication ? et si vous en avez beaucoup qui soient capables de telles actions, je vous en fais mon compliment.

PHILIPPE.

Cette manière d'éluder me ferait croire que vous êtes....

RAFFER.

Moi ? ô mon Dieu ! je conviens que mon amitié pour vous, que mes principes.... mais je ne suis pas riche.... et....

PHILIPPE.

Raison de plus ; le riche donne rarement au pauvre, et sur-tout en secret.

CHARLOTTE, allant au-devant de Blum.

Ah ! voilà le bon Docteur.

RAFFER, à part, pendant que Charlotte va au-devant de Blum.

Maudit homme ! avec ses regards fixes et perçans, on dirait qu'il me poursuit par-tout !

SCÈNE VII.

RAFFER, PHILIPPE, LE DOCTEUR, CHARLOTTE.

PHILIPPE.

SOYEZ le bien-venu, mon cher Docteur.

LE DOCTEUR, arrivant de la ville.

Je suis enchanté de vous trouver pour la première fois hors de la maison.

PHILIPPE, lui tendant la main avec amitié.

Donnez-moi la main.

CHARLOTTE, avec amitié.

Bonjour, M. Blum.

LE DOCTEUR.

Bonjour, ma belle enfant.

PHILIPPE.

Oh! comme un médecin doit se sentir heureux, lorsqu'il a sauvé la vie à un père de famille, et qu'il reçoit les bénédictions de ses enfans! Qu'il est beau l'état dans lequel on s'occupe uniquement à faire du bien à ses semblables!

LE DOCTEUR, souriant.

Oui, si le succès répondait toujours à la bonne volonté.

PHILIPPE, à Raffer, montrant le Docteur.

Vous voyez devant vous celui qui m'a retiré des portes du tombeau. Durant ma longue maladie, et par les temps les plus rigoureux, il m'a constamment visité : s'il n'a pu me soulager toujours au gré de ses desirs, du moins son air affable m'a toujours inspiré de la confiance : je ne le connaissais pas, c'est l'amour de l'humanité qui l'a conduit chez moi ; c'est à sa seule bienfaisance....

LE DOCTEUR, l'interrompant avec douceur.

M. Bertrand, je ne vous ai pas permis de parler si long-temps.

PHILIPPE.

Lorsque le cœur est trop plein, ne faut-il pas qu'il s'épanche ? Je célèbre aujourd'hui pour la cinquante-troisième fois l'anniversaire de ma naissance, et c'est à vous que je le dois.

CHARLOTTE.

Je ne suis pas orpheline, et c'est à vous que je le dois.

PHILIPPE, à Raffer.

Si vous saviez....

LE DOCTEUR, l'interrompant.

Il faut donc que j'use de mon autorité de médecin pour vous empêcher de poursuivre ?

CHARLOTTE.

Il est si difficile d'imposer silence à son cœur !

LE DOCTEUR.

Mon enfant, n'outrez pas la reconnaissance ; j'ai fait mon devoir : puissé-je en être toujours aussi bien récompensé !

RAFFER, à part.

Comme il se laisse cajoler !

LE DOCTEUR.

Ma visite d'aujourd'hui est celle d'un ami; vous n'avez plus besoin de médecin. Hier au soir nous parlâmes de l'anniversaire de votre naissance, et j'espérais vous surprendre agréablement ce matin en vous annonçant la fin de votre procès....

PHILIPPE.

Cette nouvelle m'aurait causé bien de la joie.

LE DOCTEUR.

Mais je ne renonce pas à l'espoir de le voir terminé encore aujourd'hui.

RAFFER, *vivement.*

Aujourd'hui, dites-vous?

LE DOCTEUR.

Je l'espère.

RAFFER.

Peste! vous allez bien précipitamment.

LE DOCTEUR.

Il me semble qu'en pareil cas on ne peut trop se hâter.

RAFFER, *montrant Philippe.*

Oui! vous lui rendez là un grand service.

LE DOCTEUR.

Je le crois de même.

RAFFER.

Un procès qu'il allait gagner avec restitution, frais et dépens.

LE DOCTEUR.

Et comptez-vous aussi, parmi les frais et les dépens, le repos perdu depuis quinze années?

RAFFER, avec dérision.

Ah, le repos ! — Vous aimez le genre pastoral !

LE DOCTEUR.

Est-ce un mal que d'aimer ce qui nous rapproche de la nature?

CHARLOTTE.

Plus on vous entend et plus on vous estime.

RAFFER.

Hé, sans doute ! c'est un docteur qui sait tout faire : — guérir les malades, — conduire les procès! J'ai l'honneur de vous saluer. (entre ses dents, en s'en allant) Cela va mal, cela va mal.

SCÈNE VIII.

CHARLOTTE, PHILIPPE, LE DOCTEUR.

CHARLOTTE.

Il paraît fâché de cette réconciliation !

LE DOCTEUR, souriant.

Les procureurs ne sont pas les plus grands amis de la paix.

PHILIPPE, souriant.

En vous mêlant de mon procès, vous avez mis le pied sur son terrein, et il vous en veut.

LE DOCTEUR.

Je le crois.

CHARLOTTE.

Je gagerais que si ce Raffer rendait la santé à un malade, le Docteur en serait ravi.

LE DOCTEUR.

Vous me rendez justice, et j'en suis flatté.

PHILIPPE.

Docteur! Charlotte se plaît à faire votre apologie.

LE DOCTEUR.

Ne me flatte-t-on pas?

CHARLOTTE.

Oh, non! et je pense beaucoup plus de bien de vous que je n'en dis.

LE DOCTEUR.

On renoncerait difficilement à la louange, si elle passait toujours par votre bouche.

CHARLOTTE.

Hé bien! vous me faites plaisir. — Mais qu'avez-vous donc fait à cet homme?

LE DOCTEUR.

Que voulez-vous? il est des gens dont on gagne la haine, uniquement parce qu'on les pénètre et qu'on les apprécie.

PHILIPPE, *gaîment.*

Mon cher Docteur, j'aurais mauvaise grace de me plaindre des hommes, aujourd'hui sur-tout.

LE DOCTEUR.

Pourquoi?

PHILIPPE.

Je tiens ici deux mémoires acquittés, sans qu'il m'en ait rien coûté.

LE DOCTEUR, *témoignant de la surprise.*

En vérité?

PHILIPPE.

Les voilà.

LE DOCTEUR, les examinant.

Je ne connais qu'un homme capable de ce trait de bienfaisance.

PHILIPPE.

Qui?

CHARLOTTE, vivement.

Ne nous privez pas du plaisir de connaître notre bienfaiteur.

PHILIPPE, de même.

Nommez-le-moi.

LE DOCTEUR.

Votre frère.

PHILIPPE, étonné.

Lui! il aurait payé pour moi?

LE DOCTEUR.

Je le présume du moins : il m'a souvent pressé de questions sur l'état de vos affaires.

PHILIPPE, accablé.

Ah! vous avez chargé mon cœur d'un poids énorme.

LE DOCTEUR.

Rougiriez-vous des bienfaits de votre frère?

PHILIPPE.

Les bienfaits d'un ennemi....

LE DOCTEUR, l'interrompant.

Sont les premiers pas sur le territoire de l'amitié.

CHARLOTTE.

Quand me sera-t-il permis d'aimer mon oncle?

LE DOCTEUR.

Bientôt; on jettera la procédure au feu, et l'inimitié se consúmera avec les actes qui l'ont alimentée.

PHILIPPE.

Puis-je oublier les écrits injurieux qu'il a publiés contre moi?

LE DOCTEUR.

Les écrits ont été publiés par l'avocat, et les dettes ont été payées par le frère.

PHILIPPE.

Charlotte, embrassons tous deux cet excellent homme.

CHARLOTTE.

Bon Docteur! que le ciel vous récompense!

LE DOCTEUR.

Qu'il est doux d'obliger les ames sensibles!

SCÈNE IX.

LES PRÉCÉDENS, ANNE.

ANNE, sortant de la maison de Philippe.

VOTRE déjeûné est prêt.

LE DOCTEUR, à Philippe.

Allez, mon digne ami. Si votre procès se termine aujourd'hui, je vous demanderai à chacun une grace.

CHARLOTTE.

Ah! dites, dites vîte; que je puisse faire quelque chose qui vous soit agréable!

LE DOCTEUR.

Il n'est pas temps; mais promettez-moi de ne pas me refuser.

CHARLOTTE.

Je vous en donne ma parole.

LE DOCTEUR, à Charlotte.

Je la reçois. (à Philippe) Pour vous, mon ami, c'est aujourd'hui l'anniversaire de votre naissance; il faut que nous passions gaîment la soirée ensemble.

PHILIPPE.

Vous viendrez chez nous.

CHARLOTTE, vivement.

Nous vous recevrons avec tant de plaisir!

LE DOCTEUR.

Non, non; votre maison est trop petite. La piété et la joie ont cela de commun; la voûte d'un ciel pur et serein ajoute à leur vivacité. Nous nous rendrons à votre jardin.

PHILIPPE.

Dans ce jardin, cause de nos discussions?

LE DOCTEUR.

Elles seront oubliées; ne vous opposez pas à la joie que je compte en ressentir. Nous serons peu de monde; un couple de vrais amis, qui, comme nous, ont des cœurs sensibles.

PHILIPPE, à Anne, avec joie.

Anne, tu prépareras tout ce qu'il faut pour m'habiller.

ANNE.

Quelle joie brille dans vos yeux?

PHILIPPE.

Tu le sauras, tu la partageras.

LE DOCTEUR.

Allez, mon ami. — Et vous, aimable Charlotte, souvenez-vous de votre promesse; et quand vous remplirez le devoir sacré que j'oserai vous imposer, puisse l'ange de la paix veiller sur vous, et vous conduire!

FIN DU PREMIER ACTE.

ACTE II.

Le théâtre représente le salon du Capitaine. La porte d'entrée est au fond, celle de l'appartement du Capitaine est à gauche; à côté il y a un bureau; en face une fenêtre ouverte, et près de cette fenêtre une table à écrire.

SCÈNE PREMIÈRE.

BULLER entre par le fond, et pose son déjeûner sur une table.

LA vieille Volff vient de sortir. — Si mon Capitaine sonnait! — Je vais déjeûner ici: (il déjeûne et parle par intervalles.) Oh! la méchante bigotte! Elle aura beau faire: — On ne corrompt pas Buller! — Je la démasquerai. — Malheur aux hypocrites! — Point de grace aux fripons!

SCÈNE II.

Madame VOLFF entre, BULLER.

mad. VOLFF, étonnée en voyant Buller à table.

SAINTE Vierge! — (à Buller) Que faites-vous là?

BULLER, buvant un coup.

Vous le voyez bien.

mad. VOLFF, d'un ton revèche.

Mais ce n'est pas ici votre place.

BULLER, tranquillement.

Un honnête homme n'est déplacé nulle part.

mad. VOLFF.

Le Capitaine est malade.

BULLER.

Hé bien! je bois à sa santé.

mad. VOLFF, ironiquement.

Et très-souvent, même!

BULLER, appuyant.

Mais non pas aux dépens d'autrui.

mad. VOLFF, d'un air doux.

Ce que j'en dis, c'est par intérêt pour vous. On ruine sa santé en buvant à celle de tout le monde.

BULLER, la regardant avec mépris.

Je ne bois pas à la santé de tout le monde.

mad. VOLFF, à part.

Le brutal!

BULLER.

Et lorsqu'on ne boit qu'à celle des honnêtes gens, on ne risque pas de s'enivrer: n'est-ce pas, madame Volff?

mad. VOLFF, d'un ton doux.

Quelle méchante liqueur buvez-vous donc là?

BULLER.

Du vin — oh! il n'est pas cher.

mad. WOLF, avec amitié.

Mon cher Buller, demandez-moi du vin, à moi, et je vous en donnerai dont vous me direz des nouvelles.

BULLER, la regardant fixement.

Je n'ai pas besoin d'opium pour endormir ma conscience.

mad. WOLF.

Vous parlez toujours probité, honneur.... Mais vous êtes un singulier homme; — Car enfin, parlons à cœur ouvert: — pourquoi sert-on les riches?

BULLER.

Pour vivre.

mad. WOLF.

Et pour s'assurer un sort.

BULLER.

Non; mais pour mériter qu'on vous l'assure.

mad. WOLF.

Le Capitaine a beaucoup de bien.

BULLER.

Il l'a gagné au péril de sa vie.

mad. WOLF.

Il n'a point d'enfant.

BULLER, avec une expression marquée.

Il a un frère et une nièce.

mad. WOLF, indignée.

Quoi! il laisserait son trésor à ceux qui, en le tourmentant, ont abrégé sa vie?

BULLER.

Pour peu qu'elle se prolonge, il n'aura plus rien à leur laisser; — n'est-ce pas?

mad. WOLF.

Vous plaisantez; — mais convenez d'une chose: — le Capitaine n'a pas long-temps à vivre.

BULLER, fâché.

Qui dit cela?

mad. WOLF.

D'un moment à l'autre, — tout sera dit.

BULLER, inquiet.

Est-il possible?

mad. WOLF.

Une goutte remontée -- Il ne peut aller loin.

BULLER, affecté.

Vous croyez?

mad. WOLF.

Tous les jours ses forces diminuent.

BULLER, effrayé.

Réellement?

mad. WOLF.

Encor une couple de mois....

BULLER, plus effrayé.

Quoi!...

mad. WOLF.

Tout au plus jusqu'à l'automne, à la chute des feuilles.

BULLER, *d'un air triste.*

Si-tôt! ah, non! (*la regardant d'un air irrité*) Non! (*frappant du pied*) Non! non! (*il sort.*)

SCENE III.

Madame VOLFF, *seule.*

MAUDIT homme! il faut malgré moi que je le ménage; il a gagné le cœur du Capitaine. Depuis que je suis dans cette maison, j'ai fait sortir tous ceux qui m'ont déplu; mais ce drôle-là! j'ai vainement essayé de m'en défaire.

SCÈNE IV.

Madame VOLFF, RAFFER.

RAFFER, *entrant sur la pointe du pied.*

BONJOUR, ma respectable amie.

mad. VOLFF.

C'est vous, mon cher Raffer! vous venez de bien bonne heure!

RAFFER, *d'un ton inquiet.*

Et peut-être trop tard.

(*Cette scène se joue à demi-voix, et vivement.*)

mad. VOLFF.

Que voulez-vous dire?

RAFFER.

Il se passe des choses étranges.

mad. VOLFF.

Vous m'effrayez.

RAFFER.

Le Capitaine....

mad. VOLFF.

Hé bien?

RAFFER.

Veut se réconcilier.

mad. VOLFF, effrayée.

Avec son frère!

RAFFER.

Avec son frère.

mad. VOLFF.

Il faut empêcher cela.

RAFFER.

Eh! comment?

mad. VOLFF.

N'êtes-vous pas son procureur?

RAFFER.

Hé non, je ne le suis pas!

mad. VOLFF.

Je l'avais déterminé à vous donner sa procuration.

RAFFER.

Le Docteur s'en est emparé.

mad. VOLFF.

Il ne fallait pas la laisser prendre.

RAFFER.

Pouvais-je l'en empêcher?

mad. WOLF.

Et l'affaire......

RAFFER.

Est au tribunal de paix.

mad. WOLF, avec le plus grand étonnement.

Pas possible!

RAFFER.

J'en sors.

mad. WOLF.

Ah, bon Dieu!

RAFFER.

Et les deux frères.....

mad. WOLF.

Achevez...

RAFFER.

Ont donné leurs pouvoirs...

mad. WOLF.

A qui?

RAFFER.

Au docteur Blum.

mad. WOLF.

Nous sommes perdus.

RAFFER.

Je le crains.

(Silence.)

mad. WOLF, avec dépit.

Sans me le dire! — Sans me consulter! — (en colère) Je vais l'éveiller, et....

RAFFER, l'arrêtant.

Doucement, doucement, ne gâtons rien.

mad. WOLF, accablée.

Que faire ?

RAFFER.

Il nous reste un moyen.

mad. WOLF, d'un ton décidé.

Il faut l'employer, quel qu'il soit.

RAFFER.

Commençons par faire suspecter de partialité ce conciliateur importun. Si je le croyais honnête homme, je serais incapable de le calomnier; mais il ne l'est pas, et je le prouve.

mad. WOLF.

Comment?

RAFFER.

Vouloir vous frustrer d'un bien qui vous est dû si légitimement, n'est-ce pas outrager la vertu même? et un honnête homme pourrait-il se le permettre?

mad. WOLF.

Mon cher Raffer!

RAFFER.

Si nous parvenons à le disgracier, nous saisirons le moment de la colère du Capitaine, pour lui faire signer une donation de tous ses biens.

mad. WOLF.

Et si cela ne réussit pas?

RAFFER.

Alors, — adieu l'héritage!

mad. VOLFF.

Et pour qui donc aurais-je travaillé depuis quinze ans?

RAFFER.

Pour faire une dot à la nièce.

mad. VOLFF.

Mon cher Raffer, il faut empêcher cela; si les choses tournaient de cette manière, vous y perdriez plus que moi: (avec tendresse) tous mes vœux, vous le savez bien, ne tendent qu'à obtenir votre chère personne.

RAFFER.

Bien obligé.

mad. VOLFF.

Si j'ai travaillé jour et nuit à amasser quelque chose, c'est pour ne pas présenter une main vide à mon futur époux.

RAFFER, d'un air de curiosité.

Vous devez être à votre aise?

mad. VOLFF.

Quelques milliers d'écus. — C'est une bagatelle. Toutes mes espérances étaient fondées sur le testament.

RAFFER.

Il fallait exiger une donation entre-vifs; c'était plus sûr.

mad. VOLFF.

Ne désespérons pas encore; — car en unissant nos efforts, peut-être pourrons-nous réussir. — (d'un air tendre) Mais dans tous les cas, je vous estime assez pour croire que vous ne m'avez pas choisie par intérêt; et quand il ne resterait qu'une cabane à deux époux bien unis, le bonheur l'habiterait avec eux.

RAFFER.

C'est charmant! — dans une idylle; — mais je préférerais un bon testament à la plus agréable cabane de tout l'empire germanique.

mad. VOLFF, voyant le Capitaine.

Paix.

RAFFER.

Chut.

SCÈNE V.

Madame VOLFF, le Capitaine FRANÇOIS BERTRAND, RAFFER.

LE CAPITAINE.

BONJOUR, tout le monde.

mad. VOLFF, avançant son fauteuil.

Vous avez fait un bon somme ce matin.

LE CAPITAINE.

La soirée d'hier m'a fait lever plus tard qu'à l'ordinaire.

RAFFER.

Vous avez donné à souper, sans doute, et vos convives....

LE CAPITAINE.

Mes convives? je n'en avais qu'un; — et que le diable puisse l'emporter.

RAFFER.

Quel est cet importun ?

LE CAPITAINE.

La goutte, mon ami, la goutte. (il s'assied.)

RAFFER.

Mauvaise compagnie !

LE CAPITAINE.

Me voilà assis : faites-en autant, si vous voulez ; si vous ne voulez pas, restez debout. Pour moi, je suis dans un état à me faire clouer sur un fauteuil.

RAFFER, souriant.

C'est une maladie qui ne frappe qu'à la porte des gens riches.

LE CAPITAINE.

Et qui n'attend pas qu'on lui ouvre.

mad. WOLF.

Si vouliez prendre quelques gouttes de mon élixir miraculeux....

LE CAPITAINE.

Laissez, laissez ; — je ne veux rien de tout ce qui sent le miracle. — Mais vous étiez en grande conversation quand je suis arrivé : que je ne vous dérange pas. — Continuez.

(Raffer et madame Wolf se jettent un coup-d'œil d'intelligence.)

RAFFER.

Nous parlions....

mad. WOLF.

Nous regrettions....

RAFFER.

Nous nous étonnions....

mad. WOLF.

Et nous nous fâchions....

LE CAPITAINE, vivement.

De quoi? de quoi?

RAFFER.

De la facilité que les méchans trouvent à duper les honnêtes gens.

LE CAPITAINE, souriant.

N'est-ce que cela? — c'est du vieux.

RAFFER.

On dit que vous avez donné un plein-pouvoir au docteur Blum.

LE CAPITAINE.

On dit vrai.

RAFFER.

On ajoute que vous voulez vous reconcilier avec votre frère.

LE CAPITAINE.

C'est encore vrai.

RAFFER.

Je m'étonne qu'après quinze ans....

LE CAPITAINE, vivement.

Vous avez bien raison de vous en étonner.

RAFFER, avec satisfaction.

Ah! vous en convenez donc?

LE CAPITAINE.

Sans doute; — j'aurais dû le faire quinze ans plutôt.

RAFFER, étonné.

Au moment où l'affaire était en si bon chemin!

LE CAPITAINE.

Depuis long-temps elle est en chemin, sans avoir fait un pas pour arriver.

RAFFER.

Si vous aviez voulu me croire, les choses auraient été plus vite; ce n'est pas ma faute. — Les chicanes de votre frère....

LE CAPITAINE, en colère.

Il voulait me tuer à force de plaider. Mais je le tiens bloqué dans le tribunal de paix.

RAFFER, avec un sourir amer.

Avec votre médiateur, il en sera quitte à bon compte.

LE CAPITAINE, vivement.

Qu'appelez-vous à bon compte? croyez-vous que mon jardin lui soit adjugé?

RAFFER, malignement.

Il y a tout lieu de le craindre.

LE CAPITAINE, après une courte réflexion.

Eh bien? au pis-aller, il ne vaut pas trois cents écus, et il me coûte des frais, — ah!

mad. WOLF.

Ainsi, ce méchant homme finira par avoir raison....

LE CAPITAINE, vivement.

Garder le jardin, ou avoir raison, sont deux choses.

mad. WOLF.

Après vous avoir enlevé votre patrimoine, il se moquera de vous.

LE CAPITAINE.

De moi?

RAFFER.

Vous avez fait sagement de renoncer à la mer.

LE CAPITAINE.

Pourquoi?

mad. WOLF.

Pendant vos voyages il aurait tout envahi.

RAFFER.

Il a escamoté ce qu'il a pu.

mad. WOLF.

Et pour le récompenser vous en faites votre héritier!

LE CAPITAINE, avec colère.

Mon héritier! qui ose dire cela?

RAFFER.

En terminant votre procès....

LE CAPITAINE.

Qu'en résultera-t-il?

mad. WOLF.

Vous redeviendrez amis.

LE CAPITAINE, vivement.

Jamais, jamais.

RAFFER.

La nièce se réjouit d'avance dans l'espoir de chasser la pauvre madame Wolf, et de s'emparer du gouvernement de la maison.

LE CAPITAINE.

Ah! nous sommes loin de compte.

RAFFER, avec méchanceté.

On dit même qu'elle a promis au docteur Blum, le prix des services qu'il doit lui rendre à vos dépens.

LE CAPITAINE, vivement.

Alte-là! le Docteur est mon ami: je ne souffrirai pas qu'on attaque son honneur; et ma nièce avait une trop digne mère pour avoir oublié ses principes; — mais si monsieur mon frère s'imagine pêcher en eau trouble, il se trompe furieusement.

RAFFER, applaudissant.

Voilà parler en homme sage.

mad. WOLF, de même.

En bon chrétien.

RAFFER, avec finesse.

Mais pour se défier des piéges qu'on peut vous tendre, et ôter tout espoir à vos ennemis, il serait un moyen sûr.

LE CAPITAINE.

Lequel?

RAFFER.

D'effectuer quelques mesures testamentaires.

mad. WOLF.

Ah! ne parlez pas de cela; vous me brisez le cœur.

RAFFER.

Ce n'est qu'un acte de prudence. Dès qu'on saurait publiquement que les dispositions seraient faites de manière à ne *pouvoir en revenir*; comme on n'aurait plus rien à espérer, on ne fatiguerait plus le Capitaine par des sollicitations inutiles, et il passerait dans un agréable repos les restes d'une vie que l'on persécute depuis quinze ans.

mad. WOLF.

Il est si doux de vivre tranquille !

LE CAPITAINE.

Je crois que vous avez raison.

SCÈNE VI.

LES PRÉCÉDENS, LE DOCTEUR.

mad. WOLF, bas, à Raffer.

Le Docteur !

RAFFER.

Maudit homme !

LE DOCTEUR.

Bonjour, Capitaine.

LE CAPITAINE.

Soyez le bien-venu, mon cher Docteur.

RAFFER, bas, voulant sortir.

Qu'il arrive mal-à-propos !

mad. WOLF, bas, à Raffer.

Ne vous en allez pas.

LE DOCTEUR, appercevant Raffer.

C'est vous ?

RAFFER.

Moi-même.

LE DOCTEUR.

Déjà ici?

RAFFER.

Comme vous.

LE DOCTEUR.

Donnez-vous des conseils aux deux frères?

RAFFER.

Vous leur donnez bien des ordonnances.

LE DOCTEUR.

Qui ne produisent pas les mêmes effets. — (au Capitaine) Comment vous trouvez-vous ce matin?

LE CAPITAINE.

Fort bien: (montrant ses jambes) l'ennemi est tranquille.

LE DOCTEUR.

La paix de l'ame contribue beaucoup à celle du corps.

RAFFER.

C'est un grand médecin que celui qui guérit ses malades avec des sentences!

LE DOCTEUR.

Cela vaut toujours mieux que des assignations.

RAFFER, avec amertume.

On contente rarement les deux parties quand on se charge de faire la paix.

LE DOCTEUR.

C'est apparemment pour cela que beaucoup de gens se plaisent à la troubler.

RAFFER.

Et que tant d'autres n'ont l'air de la desirer que pour leurs propres intérêts.

LE DOCTEUR.

On est toujours intéressé à faire échouer les complots des méchans.

LE CAPITAINE.

Comment, diable! voilà une petite escarmouche dans toutes les règles.... mais finissons. Par pur attachement pour moi, on veut me mener à droite, on veut me mener à gauche, et chacun peut avoir raison; mais j'aime à me ranger du côté de celui qui me montre un séjour paisible, et qui me dit: entre là, tu te reposeras.

LE DOCTEUR.

Restez dans ces sentimens, et je vous réponds que la goutte aura beaucoup moins de prise sur vous.

RAFFER.

Le gîte où on veut vous faire entrer, vous coûtera cher.

LE CAPITAINE, en colère.

Je le sais bien; si je n'avais pas à ménager mon repos, je poursuivrais le scélérat jusqu'à la mort.

LE DOCTEUR.

Ah! Capitaine, ce mot n'est pas sorti de votre cœur!

LE CAPITAINE, un peu confus.

Mais.... mais....

LE DOCTEUR.

Non, votre frère n'est pas un scélérat.

LE CAPITAINE.

Depuis quinze ans il me chicane.

RAFFER.

Il le traîne de tribunaux en tribunaux.

mad. WOLF.

C'est impardonnable.

LE DOCTEUR.

Qui a commencé le procès?

LE CAPITAINE.

C'est moi; — mais j'avais raison.

mad. WOLF.

Certainement.

RAFFER.

Jusqu'à l'évidence.

LE DOCTEUR, à Raffer.

Ce matin, vous ne disiez pas cela à son frère.

RAFFER.

On ne contrarie pas les gens chez eux; il faut de la politesse.

LE CAPITAINE.

Ce n'est pas pour la valeur du jardin, mais par amour pour mes parens. « Frère, lui ai-je dit, par-» tageons tout; mon père, en mourant, n'a pu » te laisser le jardin à mon préjudice, sans avoir » eu quelques raisons de me punir. Mon père a » donc cru que je valais moins que toi? Je ne puis » supporter cette idée, et je prouverai que le tes-» tament dont tu te prévaux lui a été surpris ».

mad. WOLF.

C'est sûr.

RAFFER.

Très-sûr.

LE CAPITAINE.

Vous l'entendez. — Hé bien ? il n'a jamais voulu faire droit à ma réclamation. — Il m'a dit: « Je ne puis céder le bien de mes enfans ». (en colère) Malheur à l'homme qui enrichit ses enfans par des deniers injustement acquis !

mad. WOLF.

Oui, oui, malheur à lui !

RAFFER.

Il n'y a pas de réplique à cela.

LE DOCTEUR.

Vous croyez?...

RAFFER.

Oui, je le crois.

LE DOCTEUR, à Raffer.

Moi, je crois le contraire. (au Capitaine) D'abord, le mot enrichit est fort mal placé, puisque l'objet est de peu de valeur. Ce n'est donc pas l'intérêt qui vous a conduit; dites plutôt que la passion s'en est mêlée; et quelle classe d'homme vit plus de passion que celle des gens de loi?

RAFFER.

Bien obligé.

LE DOCTEUR.

Je connais votre frère; si vous eussiez pris le parti de la douceur, il aurait volontiers cédé. Mais vous vous emportâtes, vous fîtes un éclat; des méchans versèrent de l'huile sur la flamme, et prirent plaisir à l'alimenter; chaque parole brusque, chaque repartie mordante vous fut réciproquement rapportée. Vos amis vous approuvèrent, comme les siens lui donnèrent raison ; les indifférens furent de l'avis de tout le monde, parce qu'ils dirent : « Hé ! qu'est-ce que cela me fait, à moi »? (regardant Raffer) Mais il est certaines gens qui ont affecté l'empressement, le zèle auprès de tous les deux ; qui, au lieu de vous réunir, ont semé la défiance, réveillé les soupçons, empoisonné les discours, et vous ont enfin plongés dans l'abîme de la chicane. La passion commence les procès, la perfidie les perpétue : alors plus de repos ; les jouissances de la vie sont empoisonnées, l'amour fraternel est détruit, et l'on oublie jusqu'aux devoirs les plus sacrés de la nature.

LE CAPITAINE.

Laissons cela. — Où en sommes-nous ?

LE DOCTEUR.

Je n'ai point abusé de vos pouvoirs, et j'ai tout lieu de penser que vous serez content. Oh ! comme je jouis d'avance du fortuné moment où je pourrai vous amener votre frère, jouir de vos embrassemens, et voir couler des larmes de joie sur ces joues que la discorde a sillonnées !

LE CAPITAINE.

Alte-là ! — Pour des embrassemens, il n'en sera rien. — Je desire que le procès finisse ; mais, pour monsieur mon frère, — qu'il ne m'approche pas !

MAD. WOLF, à part.

Bon !

LE DOCTEUR.

Mais alors cette bonne action ne serait faite qu'à moitié.

LE CAPITAINE.

Il me hait.

mad. WOLF, appuyant.

A la mort!

LE CAPITAINE.

Je le lui rends bien; — nous sommes quittes.

LE DOCTEUR.

Lui, vous haïr! quelle erreur! ce matin encore, si vous aviez vu avec quel attendrissement il a reçu les félicitations de sa fille, sur l'anniversaire de sa naissance; avec quelle joie inexprimable il s'est rappelé que vous êtes frères jumeaux, et que sa fête était aussi la vôtre!....

LE CAPITAINE, avec intérêt.

Vraiment; il y a pensé?

mad. WOLF.

Votre fête! et personne ne m'en a fait souvenir!

LE CAPITAINE.

C'est égal.

LE DOCTEUR.

Votre frère s'en est souvenu, lui. Il a parlé avec émotion de l'heureux temps, où, dans l'union la plus fraternelle, vous célébriez ce beau jour au sein de votre famille.

LE CAPITAINE.

Oh! oui: c'était un bon temps! — et il en a parlé?

LE DOCTEUR.

Ce jour-là, disait-il, notre mère était si satisfaite, si heureuse!

LE CAPITAINE.

C'est vrai : elle jouissait alors.

mad. WOLF, à part.

Peste soit de l'homme!

LE DOCTEUR.

A pareil jour, elle nous exhortait à l'union: à pareil jour elle nous serrait l'un et l'autre dans ses bras maternels.

LE CAPITAINE.

C'est vrai, elle le faisait.

LE DOCTEUR.

Encore, la dernière année de sa vie, elle nous a dit: « Mes enfans, lorsque je ne serai plus, et » qu'il renaîtra, ce jour fortuné où je vous présse » contre mon cœur, — souvenez-vous de moi, et » que je revive dans votre amour mutuel »!

LE CAPITAINE.

Ah! oui : elle l'a dit.

LE DOCTEUR.

Alors, continuait votre frère, nous tombâmes dans les bras l'un de l'autre, nous mouillâmes de nos pleurs le sein de notre tendre mère; nous confondîmes nos larmes, et nous nous jurâmes une éternelle amitié. — Votre frère n'a pu achever; les sanglots ont étouffé sa voix.

LE CAPITAINE, attendri.

Eh bien!... eh bien!... et moi aussi; je ne puis entendre cela de sang-froid.

RAFFER, bas, à mad. Volff.

Rompez la conversation.

mad. WOLF, au Capitaine.

Je vous souhaite une bonne fête; que le ciel vous accorde jusqu'à l'âge le plus reculé la bénédiction, la santé, la joie, la prospérité!...

LE CAPITAINE.

En voilà assez, en voilà assez.

RAFFER.

Permettez-moi de joindre les félicitations d'un homme....

LE CAPITAINE.

Bien obligé.

mad. WOLF.

Je ne souffrirai pas que cela se passe ainsi....

LE CAPITAINE.

Point de fête.

mad. WOLF.

Il faut au moins une collation; je vais donner les ordres nécessaires. (en passant près de Raffer) Au bureau de paix, — sachez où en sont les choses.

RAFFER, bas, à mad. Wolf.

Je vous l'écrirai.

SCÈNE VII.

RAFFER, LE CAPITAINE, LE DOCTEUR.

LE CAPITAINE.

C'EST une bonne femme, que cette dame Wolf.

LE DOCTEUR.

Je souhaite qu'elle soit sincère.

LE CAPITAINE.

Elle l'est; — et patiente! je la brusque quelquefois, comme si j'étais son mari.

LE DOCTEUR.

Dieu vous pardonne cette comparaison!

RAFFER.

Le Docteur va s'égayer; permettez que je me retire, je n'aime point entendre dire du mal des absens.

LE DOCTEUR.

Vous aimez mieux leur en faire; — je vous souhaite le bonjour.

RAFFER.

Serviteur. — (à part) Cela va mal. (il sort.)

SCENE VIII.

LE DOCTEUR, LE CAPITAINE.

LE CAPITAINE.

IL n'a pas tout-à-fait tort. Vous n'aimez pas madame Wolf.

LE DOCTEUR.

Moi! je ne hais que les méchans.

LE CAPITAINE.

Elle est un peu brusque, mais je suis fait à ses manières. — Je n'ai jamais voulu me marier, moi.

LE DOCTEUR.

Tant-pis pour vous.

LE CAPITAINE.

Ah, oui ! je serais bien avancé si j'avais une femme boudeuse, qui semblât me dire à chaque regard sombre qu'elle jetterait sur moi : — « Hum ! » le voilà encore avec sa goutte, grognant, tour- » mentant, et je suis condamnée à rester à ses » côtés ». Ah ! le mariage a des peines si cruelles !

LE DOCTEUR.

Et des plaisirs si doux ! — N'avez-vous jamais assisté à la célébration du jour de naissance d'un bon père de famille ?

LE CAPITAINE.

Non, jamais.

LE DOCTEUR.

Les enfans guettent à la porte l'instant de son réveil : la joie fait palpiter leurs cœurs. — Ils répètent, à voix basse, la formule de leur félicitation. — On ouvre : ils entrent parés, moins encore de leurs habits de fête que des graces de leur âge ; baisent les mains paternelles, récitent leur petit compliment, ou chantent des couplets qui paraissent toujours charmans à celui à qui on les adresse. — Le père attendri, les prend sur ses genoux, les presse entre ses bras, reçoit avec transport leurs caresses innocentes, et les couvre des plus doux baisers, — tandis que la mère cachée dans un coin de la chambre, cette tendre mère qui suivait tous leurs mouvemens, secourait furtivement leur mémoire incertaine, et n'osait qu'à peine respirer, jouit de ce spectacle enchanteur, s'admire dans son ouvrage, et verse des pleurs délicieux.

LE CAPITAINE, attendri.

Oui, cela doit être touchant; — mais parlons d'autre chose.

SCÈNE IX.

BULLER, LE CAPITAINE, LE DOCTEUR.

BULLER.

Bonjour, mon Capitaine.

LE CAPITAINE.

Bonjour, Buller.

BULLER.

C'est aujourd'hui votre fête de naissance.

LE CAPITAINE.

Je le sais.

BULLER, d'un ton loyal et expressif.

Je vous la souhaite bonne, et de tout mon cœur.

LE CAPITAINE.

Je le sais aussi.

BULLER, hésitant.

Hier....

LE CAPITAINE.

Eh bien ! hier?

BULLER.

Vous avez cassé votre belle pipe.

LE CAPITAINE, avec humeur.

Pourquoi m'en fais-tu souvenir? Quand la douleur me tourmente, je ne suis pas le maître de contenir mon impatience.

BULLER.

Ce que j'en dis n'est pas un reproche; — c'est une introduction.

LE CAPITAINE.

Que veux-tu dire?

BULLER, avec timidité.

Je viens d'acheter une pipe de bois de noyer, avec un tuyau d'ébène; — si mon Capitaine voulait me faire le plaisir d'accepter ce chétif présent...

LE CAPITAINE, avec un air satisfait.

Voyons, mon ami, voyons.

BULLER.

Elle devrait être garnie en argent; — mais....

LE CAPITAINE.

Je te remercie.

BULLER, avec joie.

Vous l'acceptez?

LE CAPITAINE.

Sans doute.

BULLER, de même.

Et vous fumerez avec?

LE CAPITAINE.

Certainement. (il fouille dans sa poche.)

BULLER, d'un ton sérieux, et paraissant humilié.

J'espère que vous ne me donnerez rien pour cela.

LE CAPITAINE, retirant promptement sa main.

Non, non. — Tu as raison.

BULLER, enchanté.

Vive mon Capitaine! — Que la bigote achète maintenant des friandises avec l'argent qu'elle vous a volé, je....

LE CAPITAINE, l'interrompant avec un air étonné.

Buller? que dis-tu là?

BULLER.

La vérité.

LE CAPITAINE.

Encore?

BULLER.

Cette femme là ne vaut rien.

LE CAPITAINE, fâché.

Tais-toi, je te l'ordonne.

BULLER.

Rien n'est trop bon pour elle, et elle vous laisse manquer des choses les plus nécessaires.

LE CAPITAINE, très en colère.

Finiras-tu?

BULLER.

Ce n'est pas tout.

LE CAPITAINE, jetant la pipe à ses pieds.

Va-t-en au diable avec ta pipe : tu es un calomniateur.

BULLER, regardant d'un air douloureux, tantôt le Capitaine, tantôt la pipe.

Buller, calomniateur ! (après un silence) Vous ne voulez donc pas de la pipe ?

LE CAPITAINE, brusquement.

Non ; je ne veux rien d'un homme qui prétend être bon tout seul. (Buller, très-affecté, ramasse la pipe, et la jette par la fenêtre. Le Capitaine, outré.) Que fais-tu là, drôle ?

BULLER, reprenant sa place.

Je jette la pipe par la fenêtre.

LE CAPITAINE.

Es-tu fou ?

BULLER.

Vous l'avez refusée ; je ne peux plus m'en servir. Chaque fois que j'y toucherais, elle semblerait me dire : « Misérable Buller ! un homme que tu as »fidèlement servi pendant trente ans t'a appelé »calomniateur » ; et cela me déchirerait l'ame ; mais si la pipe est au diable, j'oublierai facilement le reste, et je me dirai : « Mon Capitaine est malade ; »son intention n'était pas de m'humilier ».

LE CAPITAINE, ému, et lui tendant la main.

Viens, mon garçon, je n'ai pas voulu t'offenser.

BULLER, avec joie.

Eh ! je le savais bien. — Mais pourquoi faut-il qu'une vieille hypocrite vous trompe, et s'approprie un bien que vous avez acquis avec tant de peines et au milieu de tant de dangers!

LE CAPITAINE, s'échauffant.

Est-ce que tu recommences?

BULLER.

Faites de moi ce que vous voudrez, mais je ne puis me taire.

LE CAPITAINE, d'un air menaçant.

Buller?

BULLER.

J'étais tout-à-l'heure chez le portier; la bigotte est descendue, le procureur la suivait; ils ne me voyaient pas, et j'ai entendu quelques mots d'un entretien qui m'a fait frémir d'indignation.

LE CAPITAINE, en colère.

Buller, je te le répète; tu es un calomniateur.

BULLER.

Et si je vous prouve ce que j'avance?

LE CAPITAINE.

Alors.... Mais si tu m'en imposes, je te chasse impitoyablement.

BULLER, le regardant tranquillement.

Vous ne le ferez pas.

LE CAPITAINE, fâché.

Je ne le ferai pas?

BULLER, de même.

Non, j'en suis sûr.

LE CAPITAINE, menaçant.

Je te dis que je le ferai, et si tu ajoutes un mot, je te chasse à l'instant même.

BULLER, pénétré.

Comme Jean Buller n'a jamais rien volé, il faudra donc qu'il aille en pleurant mourir dans un hospice!

LE CAPITAINE, ému.

Dans un hospice! penses-tu que je ne pourrais pas te procurer ta nourriture hors de chez moi?

BULLER.

Oh! oui; vous pourriez me jeter quelques pièces d'or, comme une aumône : mais j'aimerais mieux mourir de faim que d'accepter des secours aussi humilians.

LE CAPITAINE, outré.

Mais voyez, voyez donc, Docteur, s'il n'y aurait pas là de quoi donner la goutte à quelqu'un qui ne l'aurait pas! (avec la plus grande chaleur) Il y a vingt ans, lorsque les Algériens nous firent prisonniers, et qu'ils m'eurent tout enlevé, jusqu'à ma veste, — ce drôle là avait caché plusieurs pièces d'or dans les boucles de ses cheveux. — Les corsaires ne les trouvèrent point. — Six mois après, nous fûmes rachetés; nous sortîmes d'esclavage sains et saufs, à la vérité, mais nus comme la main; et j'aurais été obligé de mendier mon pain de village en village, — si ce drôle là n'eût partagé avec moi ses pièces d'or; — et maintenant il veut aller mourir dans un hospice!

BULLER.

Mon Capitaine!

LE CAPITAINE.

Et lorsque mon équipage trama ce complot contre moi, et que tu me le decouvris au péril de ta vie; l'as-tu oublié, drôle?

BULLER.

Vous avez fait pour cela une pension a ma mère.

LE CAPITAINE.

Et lorsque nous combattions bord à bord contre les Maroquins; que le sabre était levé sur ma tête, et que tu fis tomber le bras qui allait me la faire sauter; l'as-tu oublié aussi? — Ai-je fait une pension à ta mère pour cela? — Veux-tu encore mourir dans un hospice? hem? (il s'adoucit tout-à-coup, et lui tend les bras) Viens, viens que je t'embrasse.

BULLER, se précipitant dans ses bras.

Mon digne Capitaine!

LE CAPITAINE, s'essuyant les yeux.

Va me chercher la pipe.

BULLER.

J'y cours.

SCÈNE X.

LE CAPITAINE, assis; LE DOCTEUR.

LE DOCTEUR, à part.

Je suis content. Celui qui cède à la voix de la reconnaissance, ne résistera pas au cri de la nature.

LE CAPITAINE.

Asseyez-vous donc, Docteur : que dites-vous de tout cela ?

LE DOCTEUR.

Je dis que Buller est un honnête homme ; il sent qu'une heureuse réconciliation vous rendrait à-la-fois le repos et la santé.

LE CAPITAINE.

Sans les propos injurieux et les mauvaises manœuvres de mon frère....

LE DOCTEUR.

En êtes-vous sûr?

LE CAPITAINE.

Sans doute.

LE DOCTEUR.

Capitaine, il y a des gens si méchans, que lorsqu'ils voyent un peu de fumée, ils soufflent jusqu'à ce qu'il en résulte un horrible incendie.

LE CAPITAINE.

Vous pourriez bien avoir raison.

LE DOCTEUR.

Détournez les projets des méchans.

LE CAPITAINE.

Mon frère me hait.

LE DOCTEUR.

On vous trompe.

LE CAPITAINE.

Bah! bah....

LE DOCTEUR.

S'il vous prévenait !

LE CAPITAINE.

Mon frère?

LE DOCTEUR.

S'il entrait ici avec un visage amical....

LE CAPITAINE, faisant un mouvement involontaire pour se lever.

S'il entrait ici ?

LE DOCTEUR.

S'il vous tendait la main....

LE CAPITAINE, tendant la sienne, et la retirant tout-à-coup.

S'il me tendait la main ?

LE DOCTEUR.

Et s'il vous disait : — mon frère, ne retire pas la tienne!

LE CAPITAINE, ému.

Hé bien ? après ?

LE DOCTEUR.

S'il s'approchait....

LE CAPITAINE, avec incertitude.

S'il s'approchait ?....

LE DOCTEUR.

Et qu'il vous dit, en vous tendant les bras....

LE CAPITAINE.

Que pourrait-il dire ?

LE DOCTEUR *avec force.*

François! notre mère est là, notre mère nous voit!

LE CAPITAINE *se lève, étend ses bras, et dit d'une voix attendrie :*

Ma mère! Philippe! — ah! que tu m'as fait de mal!

(Il rentre dans sa chambre.)

LE DOCTEUR.

Il est touché! le moment est propice : allons porter les derniers coups!

FIN DU SECOND ACTE.

ACTE III.

SCÈNE PREMIÈRE.

Madame WOLF, seule, arrivant avec précaution par le fond.

IL n'est pas ici. Bon! lisons vîte ce billet que le cher Raffer vient de me faire passer secrètement. (elle lit et paraît fort agitée) Ah! bon Dieu, — bon Dieu! quel parti prendre? (elle regarde encore la lettre) Il me demande un mot de réponse sur la même lettre; — son clerc la viendra chercher. — Allons, — c'est par prudence. (elle se met à la table et écrit.)

SCÈNE II.

CHARLOTTE, entre par le fond; Madame WOLF, écrivant.

CHARLOTTE, jetant des regards tremblans autour d'elle.

DEHORS, personne....

mad. WOLF.

Maudit homme!

CHARLOTTE.

Ici, personne! (elle apperçoit madame Wolf qui est trop occupée pour prendre garde à elle.)

mad. WOLF à elle-même.

Il est bien dur d'être obligée de se contenter d'une partie, quand on espérait avoir le tout. (Elle reploie sa lettre. Charlotte tousse pour se faire remarquer. Madame Wolf parle avec humeur, et en serrant la lettre à côté de sa poche, elle la fait tomber sous la table.) Qui est donc là?

CHARLOTTE.

Pardon, si je vous dérange.

mad. WOLF.

Qui êtes-vous? que voulez-vous?

CHARLOTTE.

Je desirerais parler au Capitaine.

mad. WOLF, vivement.

Au Capitaine? Qui vous attire chez lui?

CHARLOTTE.

C'est aujourd'hui l'anniversaire de sa naissance, et je viens le féliciter.

mad. WOLF.

Ah! voilà l'avantage de la richesse! Un pauvre homme aurait dans l'année dix ou douze fêtes semblables, que personne n'y penserait. Eh! ma petite demoiselle, que vous fait donc, je vous prie, la fête du Capitaine;—en quoi vous intéresse-t-elle?

CHARLOTTE.

Oh! pour cela, je le lui dirai bien moi-même.

mad. WOLF.

Mais voyez donc un peu comme cela répond? (elle la contrefait) je le lui dirai bien moi-même! — Apprenez, ma petite, que je suis ici la maîtresse; et que c'est à moi seule que vous devez vous adresser.

CHARLOTTE.

Je vous demande pardon, madame, — j'ignorais que mon oncle fût marié.

mad. WOLF, étonnée.

Mon oncle! — Vous seriez.... oui, oui, c'est sa physionomie; c'est mademoiselle Bertrand.

CHARLOTTE.

C'est moi-même.

mad. WOLF.

Oui, oui. — Elle ressemble à feu sa mère: ce sont ses traits....

CHARLOTTE, avec intérêt.

Vous avez connu ma mère?

mad. WOLF.

Oui.... un peu.... de vue. — Mais, mon Dieu, mademoiselle, que venez-vous donc faire ici? Ignorez-vous que le Capitaine ne veut rien voir ni rien entendre de tout ce qui tient à sa famille?

CHARLOTTE.

Autrefois, Madame; — mais aujourd'hui que ce fatal procès est terminé....

mad. WOLF, avec crainte.

Comment? — terminé tout-à-fait?

CHARLOTTE.

Oui, tout-à-fait.

mad. WOLF, désolée.

Ils en sont donc venus à bout! mon pauvre maître s'est laissé surprendre.

CHARLOTTE.

Vous avez l'air d'en être fâchée?

mad. WOLF, avec humeur.

J'ai tort; c'est très-divertissant.

CHARLOTTE.

Si vous saviez combien nous nous réjouissons de cet heureux événement!

mad. WOLF, avec dépit.

Je le crois sans peine; vous avez pour cela de bonnes raisons.

CHARLOTTE.

Oh, oui! car nous regardons comme un beau jour celui où deux frères long-temps désunis, recommencent à s'aimer.

mad. WOLF, avec amertume.

Je gage que le cher papa vous a fait apprendre cette phrase par cœur, et que vous venez ici tout exprès pour débiter votre leçon; mais, croyez-moi, c'est du temps perdu. Allez, Mademoiselle, retournez chez vous: vous ne verrez pas le Capitaine.

CHARLOTTE.

Pourquoi?

mad. WOLF.

Il dort; — il m'a défendu de laisser entrer personne; — d'ailleurs il ne vous écouterait pas. — Vous verriez un homme farouche, qui ne parle que pour gronder.

CHARLOTTE.

Mais.....

mad. WOLF.

Son abord vous ferait trembler; la sévérité et la mauvaise humeur sont peintes sur son visage.

CHARLOTTE.

N'importe.... je reviendrai.

mad. WOLF.

Gardez-vous-en bien! Si je lui disais seulement que vous êtes venue, il entrerait en fureur; son accès de goutte lui reprendrait aussi-tôt, et il ne vous le pardonnerait jamais.

CHARLOTTE, *tristement.*

Je vais donc porter l'affliction dans le cœur de mon père! — Il m'a pourtant assuré que mon oncle a le cœur si bon....

mad. WOLF.

Oui, il a le cœur bon; — mais il est si violent!... Allez, allez, ma chère Demoiselle, qu'il ne vous trouve pas ici; — car, dans le premier mouvement, je ne répondrais pas..... Adieu. — Saluez votre père de ma part; dites-lui que depuis quinze ans je n'ai pas cessé de travailler de toutes mes forces à changer le cœur de votre oncle; je continuerai de même, je vous le promets. Adieu, ma petite, adieu.

CHARLOTTE, s'en allant lentement.

Adieu, Madame.

mad. WOLF, à part.

Enfin elle s'en va. — Si elle pénètre jamais jusqu'à son oncle, c'est que je ne pourrai pas l'en empêcher. — Il ne manquerait que cette visite pour bien arranger mes affaires.

SCÈNE III.

Madame WOLF, BULLER, CHARLOTTE.

BULLER, entrant par le fond.

DEMANDEZ-VOUS quelqu'un, Mademoiselle?

CHARLOTTE.

Je voulais aller voir mon oncle.

BULLER, avec joie.

Votre oncle? — Seriez-vous mademoiselle Bertrand?

CHARLOTTE.

Oui.

BULLER.

Soyez la bien-venue! — Quand une personne aussi jolie et aussi sage met le pied dans une maison, elle y apporte la bénédiction du ciel.

mad. WOLF, à part.

Quel contre-temps!

BULLER.

Pourquoi n'entrez-vous pas?

CHARLOTTE.

On me le défend.

BULLER.

On vous défend de voir votre oncle? et qui donc s'est permis cela?

mad. WOLF, à Buller.

C'est moi.

BULLER, s'appuyant sur le dos du fauteuil.

Vous? et de quel droit?

mad. WOLF.

De quoi vous mêlez-vous?

BULLER.

C'est la question que j'allais vous faire.

mad. WOLF.

Le Capitaine dort.

BULLER.

Cela n'est pas vrai.

mad. WOLF.

Quoi! vous osez....

BULLER, lui tenant tête.

Oui, j'ose! est-ce que je ne viens pas de le quitter? est-ce qu'il ne m'a pas dit de venir lui lire dans son gros livre, quelques-uns de ses grands voyages sur mer?

mad. WOLF.

Je vous dis....

BULLER, brusquement

Je vous dis qu'elle entrera. — (à Charlotte) Attendez un moment, mam'zelle; je vais vous annoncer.

mad. WOLF, voulant lui barrer la porte.

Arrêtez : je m'y oppose....

BULLER.

Avez-vous le diable au corps? — Au large!

(Il la repousse durement et entre dans l'appartement.)

SCÈNE IV.

Madame WOLF, CHARLOTTE.

mad. WOLF, outrée.

Est-ce bien moi qu'on ose outrager de la sorte? m'insulter, me repousser! (à Charlotte) Je vous félicite, Mademoiselle; allez, allez voir votre cher oncle; flattez-le, caressez-le bien : il payera tout cela.

CHARLOTTE.

Je ne demande que son amitié.

mad. WOLF.

Eh! mais sans doute! ce mot est si doux à l'oreille! mais nous savons ce qu'il signifie : — c'est une manière honnête....

(Elle fait le geste de demander l'aumône.)

CHARLOTTE.

Quel mal vous ai-je pu faire, pour prendre plaisir à m'humilier?

mad. WOLF, avec mépris.

Vous? du mal? à moi? En vérité, cela fait pitié.... Adieu, Mademoiselle. (Elle sort outrée.)

SCÈNE V.

CHARLOTTE, seule.

ANNE avait bien raison de dire que cette femme est méchante. — Je suis bien aise qu'elle soit sortie: je n'aurais pas eu le courage de parler devant elle. Est-il possible que mon oncle soit si emporté? si grondeur? Eh bien, je supporterai tout; je l'ai promis au Docteur. Et que ne ferais-je pas pour rendre service à mon père? — J'entends marcher. Ah! comme le cœur me bat!

SCÈNE VI.

LE CAPITAINE, BULLER, CHARLOTTE.

LE CAPITAINE, en entrant, sans regarder où est Charlotte.

MADEMOISELLE ma nièce? ah! ah! et que me veut-elle donc?

BULLER.

Je ne sais pas; — mais je doute que cela puisse vous déplaire, car son visage ressemble à une bonne nouvelle.

LE CAPITAINE s'assied. Après une pause.

Eh bien? où donc est-elle?

BULLER.

Elle est encore près de la porte.

LE CAPITAINE, vivement.

Veut-elle par hasard que je me traîne à sa rencontre?

BULLER, avec amitié, à demi-voix.

Approchez, n'ayez pas peur.

(Charlotte hésite et reste d'un air timide à la même place.)

LE CAPITAINE écoute si elle approche.

Eh bien? je n'entends rien.

BULLER.

Elle tremble.

LE CAPITAINE, brusquement.

Que diable! pourquoi tremble-t-elle?

CHARLOTTE, s'avançant un peu.

Je.... je....

LE CAPITAINE, à Buller qui est à côté de lui.

Eh bien? ne sait-elle pas parler?

BULLER.

Elle pleure.

LE CAPITAINE.

Que diable! pourquoi pleure-t-elle?

(Buller la fait approcher et reste appuyé sur le fauteuil du Capitaine.)

CHARLOTTE, faisant un effort.

Je viens, mon cher oncle, vous féliciter.

LE CAPITAINE, *sans la regarder jusqu'à la fin de la scène.*

Sur quoi ?

CHARLOTTE.

Sur votre jour de naissance.

LE CAPITAINE.

Je vous remercie; — mais vous n'avez sûrement appris à marcher que depuis un an, puisque vous venez aujourd'hui pour la première fois.

CHARLOTTE.

Depuis le moment où j'ai pu sentir et penser, chaque jour m'attirait vers vous.

LE CAPITAINE.

Ah! ah! — votre âge?

CHARLOTTE.

Dix-sept ans.

LE CAPITAINE.

Oui, — c'est cela. — Lorsque je revins de mon grand voyage, il y a seize ans, vous n'étiez pas plus haute que cela.

CHARLOTTE.

Alors, mon bon oncle m'a portée dans ses bras, et m'a prodigué ses caresses. — Anne me le répète souvent, et j'ai toujours du plaisir à l'entendre.

LE CAPITAINE.

Quoi! la vieille Anne vit encore?

CHARLOTTE.

Oui, mon oncle;... et j'ai perdu bien jeune une excellente mère!

LE CAPITAINE.

Excellente femme! — oui, je dis excellente. Sa mort m'affligea beaucoup.

CHARLOTTE.

Si elle avait vécu, que de choses ne seraient pas arrivées!

LE CAPITAINE.

Cela se peut. De son vivant, elle a empêché votre père de faire bien des sottises!

CHARLOTTE.

Mon père a pu se tromper; des méchans ont pu l'égarer; mais rien n'a pu arracher de son cœur sa tendre amitié pour son frère.

LE CAPITAINE.

Il m'en a donné de jolies preuves depuis quinze ans!

CHARLOTTE.

Au moment où l'on est venu lui annoncer la fin de vos discussions, — il m'a serrée entre ses bras — et m'a dit, les larmes aux yeux: « Mon enfant, » va chez mon frère; va, sois le messager de » paix: tu es innocente, il est juste; il ne te re- » poussera pas: il t'a aimée lorsque tu étais enfant, » il a aimé ta mère; à cause d'elle, peut-être il te » présentera sa main. Alors tu la presseras contre » tes lèvres, avec un amour filial; et tu recevras » sa bénédiction ».

LE CAPITAINE, souriant.

On vous a fait la leçon! on vous a fait la leçon!

— Mais vous n'êtes pour rien dans cette affaire; — allez en paix: je n'ai aucune rancune. — Comment vous nomme-t-on?

CHARLOTTE.

Charlotte.

LE CAPITAINE.

Charlotte, c'est juste; — mais je suis votre parrain, je crois?

CHARLOTTE.

L'homme qui daigne s'en souvenir, ne me renverra pas aujourd'hui sans m'accorder un regard d'amitié.

LE CAPITAINE, tournant furtivement les yeux sur elle, mais sans la fixer.

Allez, Charlotte,.... je ne vous oublierai pas dans mon testament.

CHARLOTTE, les larmes aux yeux.

Ce mot est bien dur!

LE CAPITAINE.

Pourquoi donc dur?

CHARLOTTE, avec tendresse.

Mon cher, mon bon oncle! — C'est dans votre cœur que je desire une place et non dans votre testament.

LE CAPITAINE, embarrassé et la regardant avec intérêt.

Eh bien! — il faut..... (il fouille dans sa poche.) Car enfin, je suis votre oncle, je suis votre parrain, et vous ne devez pas rougir d'accepter ce petit don.

(Il lui présente des pièces d'or. — Charlotte se saisit de la main qu'elle baise avec transport, et laisse tomber l'argent à terre.)

CHARLOTTE.

Mon cher oncle! je ne vois que la main que vous me présentez. — Je veux la garder cette main; je mouillerai de mes larmes le don que vous m'offrez, mais en vous suppliant de le reprendre.

LE CAPITAINE.

Ah! ah! jeune fille! tu es orgueilleuse!

CHARLOTTE.

Je le serai si vous m'accordez votre bienveillance. Ah! voyez cette fille que vous appelez orgueilleuse tomber à vos genoux pour vous supplier de lui accorder un regard! — Ma bonne mère n'a pu me laisser que ses traits. — Mais ces traits vous rappellent ceux d'une amie qui depuis long-temps n'existe plus. Ah! que ce souvenir attendrisse votre cœur et me rende un second père!

LE CAPITAINE, la regardant plusieurs fois à la dérobée avec attendrissement, puis se tournant vers Buller.

Buller! elle ressemble beaucoup à sa mère! Je n'y résiste plus: — emmène-la d'ici.

BULLER, sanglotant.

Est-ce que je le peux?

LE CAPITAINE, pleurant.

Je crois que tu pleures, Buller? Je t'en prie, aide-moi à m'en débarrasser.

BULLER, tout en pleurs va relever Charlotte par-derrière et la place dans les bras de son oncle en lui disant:

Allez-vous-en, mam'zelle.

CHARLOTTE, *l'embrassant.*

Mon cher oncle!

LE CAPITAINE, *résistant faiblement.*

Arrêtez, ma nièce. — Buller, voilà ce qui s'appelle être entraîné par le courant sans boussole ni gouvernail.

CHARLOTTE, *avec transport.*

Mon oncle! — Je vois dans vos yeux.... Ah! toutes vos pièces d'or ne valent pas cette larme.

LE CAPITAINE.

Eh bien! oui: tu m'as vaincu. — Charlotte, va sur le tombeau de ta mère lui en rendre graces. Lorsqu'en revenant du temple je me présentai devant son lit en lui tendant la main, elle la serra entre les siennes: je m'en souviens; elle avait justement ton maintien, ton air de visage. — Mon cher frère, me dit-elle, je te recommande cet enfant, si je viens à mourir. (*La douleur l'empêche de parler, enfin il dit avec précipitation:*) Un mois après, elle n'existait plus. (*après une pause*) Viens mon enfant, viens sur mon cœur.

(*Charlotte tombe dans ses bras.*)

SCÈNE VII.

LE CAPITAINE, CHARLOTTE, LE DOCTEUR, BULLER.

LE DOCTEUR.

Oh! comme j'arrive à propos!

LE CAPITAINE, *s'essuyant les yeux.*

Vous le voyez, mon cher Docteur, cet enfant

m'a attendri. (feignant de la colère, avec un air riant) Allons, retire-toi; fuis de ma présence.

CHARLOTTE, lui souriant.

Je connais maintenant le cœur de mon oncle: toute ma crainte est dissipée.

LE CAPITAINE, gaîment.

Ah! ah! tu me craignais donc! on t'a dit sûrement que j'étais un ours?

CHARLOTTE.

Cette personne qui demeure ici....

LE CAPITAINE.

Qui?

BULLER.

Qui! c'est encore un tour de votre vieille hypocrite.

LE CAPITAINE.

Buller, vous lui en voulez.

BULLER.

C'est vrai, — et j'ai raison. — J'entre. Cette aimable et bonne demoiselle s'en allait en versant des larmes; je l'arrête, je l'interroge. — « Hélas! me » dit-elle, on veut m'empêcher de voir mon oncle ». — « Pourquoi cela? tout le monde peut le voir; il » ne refuse personne, sur-tout ceux qui ont les » larmes aux yeux »; là-dessus ne voilà-t-il pas que madame Wolf lui barre la porte, et veut m'empêcher moi-même d'entrer. (avec emportement) Moi! Jean Buller! m'empêcher d'entrer chez mon Capitaine! Alors j'ai pris le parti de l'écarter, un peu rudement à la vérité, comme j'ai fait quelquefois à des passagers qui pendant la tempête embrassaient le tillac du vaisseau.

LE DOCTEUR, au Capitaine.

Qu'en dites-vous?

LE CAPITAINE, embarrassé.

Elle a pu croire que je dormais. — Elle n'a sans doute agi qu'avec de bonnes intentions.

LE DOCTEUR.

Votre nièce pourrait nous apprendre comment elle a été reçue.

CHARLOTTE.

Ah! je suis si contente, que mon cœur a tout oublié.

LE CAPITAINE, vivement.

Comment oublié? Il s'est donc passé des choses....

LE DOCTEUR.

Laissons cela; ces petits nuages ne doivent plus obscurcir un si beau jour! Deux frères qui se réconcilient......

LE CAPITAINE.

Alte-là, Docteur; — Cette jeune personne ne m'a jamais offensé. Je retrouve en elle les traits et la douceur de sa mère; d'ailleurs, elle est ma filleule. — Ce sont des titres. — Mais pour Monsieur son père qu'il continue son chemin. — Je ne desire qu'une chose, c'est de ne pas le rencontrer.

LE DOCTEUR, avec douceur et le prenant par la main.

Mon cher Capitaine, au bout du grand voyage,

— là, où tous les chemins se rejoignent, il faudra pourtant que vous vous rencontriez!

LE CAPITAINE.

Eh bien, alors, celui qui se sentira condamné par sa conscience, baissera les yeux.

CHARLOTTE.

N'attendez pas ce terrible moment, mon cher oncle, j'intercède pour mon père.

LE CAPITAINE.

Mais voyez donc! à peine lui ai-je accordé une petite place dans mon cœur qu'elle y veut régner en maîtresse.

LE DOCTEUR.

Vous ne savez pas.

LE CAPITAINE.

Je ne veux rien savoir.

BULLER.

Mon Capitaine....

LE CAPITAINE.

Buller, laisse-moi en repos.

LE DOCTEUR.

Je vois qu'il faut que nous appellions le temps à notre secours. — Charlotte, votre père vous attend....

LE CAPITAINE.

Qu'il attende! j'ai attendu sa visite assez d'années, pour qu'il me soit permis de la desirer un peu plus longue.

CHARLOTTE, avec douceur.

Mon père est malade.

LE CAPITAINE, avec intérêt.

Encore? — allons, va-t-en.

CHARLOTTE.

Me permettez-vous de revenir?

LE CAPITAINE.

Quelle sotte demande! Sans doute je le permets, je le veux même; je l'exige. Entends-tu?

CHARLOTTE.

Que cet ordre m'est doux à remplir!

LE CAPITAINE.

Quand reviendras-tu?

CHARLOTTE.

Tous les jours.

LE CAPITAINE.

Bon, bon; — mais souviens-toi, en entrant ici, de laisser la fierté à la porte. Me comprends-tu?

CHARLOTTE.

Oui, mon oncle.

LE CAPITAINE.

Voilà encore les pièces d'or répandues dans la chambre. — Tu ne les ramasseras pas, je le sais bien.

CHARLOTTE.

Un amour désintéressé peut-il être pris pour de l'orgueil?

LE CAPITAINE.

Eh! non, non; tu ne les ramasseras pas, même quand tu saurais que cela me ferait plaisir. (Charlotte se baisse pour les ramasser; le Docteur et Buller l'aident.)

LE CAPITAINE, avec satisfaction.

C'est bien, c'est bien. (En cherchant les pièces d'or qui ont roulé sous la table, Buller trouve la lettre de madame Wolf; Charlotte ne sait où placer l'argent qu'elle, le Docteur et Buller ont ramassé. Le Capitaine, à Charlotte) Cela t'embarrasse.... attends, attends.... (Il va à son secrétaire, prend une bourse vide, la remplit à moitié d'or; pendant ce temps, Buller entre Charlotte et le Docteur leur montre tour-à-tour la lettre qu'il a trouvée.)

BULLER, à Charlotte.

Est-ce à vous?

CHARLOTTE.

Non.

BULLER, au Docteur.

Est-ce à vous?

LE DOCTEUR.

Je ne crois pas. (il lit l'adresse) *A madame Wolf*....

BULLER.

A madame Wolf! donnez-la-moi. (Il est prêt à l'ouvrir; il s'arrête. C'est au jeu de l'acteur à faire sentir le desir de s'éclaircir et la crainte de surprendre un secret.)

LE CAPITAINE, donnant la bourse à Charlotte.

Tiens, serre cela là-dedans.

CHARLOTTE, honteuse.

Mon oncle......

LE CAPITAINE.

Pas d'orgueil!

CHARLOTTE, acceptant.

Je vous remercie, mon oncle.

LE CAPITAINE, satisfait.

A la bonne heure.

BULLER, à part, et regardant la lettre.

Oserai-je?... oui; on m'a traité de calomniateur: la délicatesse serait déplacée.

(Il sort.)

SCÈNE VIII.

LES PRÉCÉDENS, excepté Buller.

CHARLOTTE.

AVEC cela, je pourrai procurer quelque soulagement à mon père....

LE CAPITAINE.

A ton père? fais ce que tu voudras.

CHARLOTTE.

Un bonjour de votre part lui serait bien agréable.

LE CAPITAINE.

A ton père?

CHARLOTTE.

Cela hâterait sa convalescence.

LE CAPITAINE.

Tu crois?

CHARLOTTE.

J'en suis sûre.

LE CAPITAINE.

Eh bien!... donne-lui ce bonjour.

CHARLOTTE, lui baisant la main.

Adieu, mon cher oncle.

LE CAPITAINE, la rappelant.

Embrasse-moi encore. (il l'embrasse) Adieu, mon enfant.

CHARLOTTE, en s'en allant.

Ah! que je suis heureuse!

(Elle sort par le fond.)

SCÈNE IX.

LE CAPITAINE, LE DOCTEUR.

LE CAPITAINE s'essuie les yeux.

DOCTEUR, que pensez-vous de ma petite nièce?

LE DOCTEUR.

C'est un ange.

LE CAPITAINE.

En vérité?

LE DOCTEUR.

Celui qui a pu observer pendant six mois une jeune fille auprès du lit de son père malade, est seul capable de l'apprécier.

LE CAPITAINE.

Je le crois.

LE DOCTEUR.

Sa douceur, sa patience, sa piété filiale sont sans exemple.

LE CAPITAINE.

Il faut donc que je fasse quelque chose pour elle?

LE DOCTEUR.

Jamais vous ne placerez mieux vos bienfaits.

LE CAPITAINE, riant.

Il semble même, Docteur, qu'elle sait mieux que vous tenir ma goutte en respect; tant qu'elle a été ici, mes sujets rebelles n'ont pas bougé.

LE DOCTEUR.

Puisque vous avez un moyen si facile d'appaiser vos douleurs, vous feriez fort bien de l'employer toujours.

LE CAPITAINE, gaîment.

Toujours? pourquoi pas? je le veux bien. — Mais son père voudra-t-il me la céder?

LE DOCTEUR.

L'arrangement sera facile.

LE CAPITAINE, avec intérêt.

Vrai?

LE DOCTEUR.

Vous n'avez qu'à les prendre tous deux.

LE CAPITAINE, vivement, d'un air fâché.

Non: jamais; il n'en sera rien.

LE DOCTEUR.

A la bonne heure. — Maintenant vous voudrez bien recevoir mes félicitations.

LE CAPITAINE.

Sur quoi?

LE DOCTEUR.

Votre procès est terminé.

LE CAPITAINE, avec une grande joie.

Ah! que le ciel en soit loué! je vous en remercie. — Je ne vous demande pas de quelle manière; cela m'est égal.

LE DOCTEUR.

Je n'ai pas abusé de vos pouvoirs.

LE CAPITAINE.

J'en suis sûr.

LE DOCTEUR.

Le jardin sera votre propriété tant que vous vivrez.

LE CAPITAINE, vivement, avec joie.

Je le donne à ma nièce.

LE DOCTEUR.

Après vous, il retourne à votre frère et à ses héritiers.

LE CAPITAINE.

Je vous dis que je le donne à ma nièce, à l'instant.

LE DOCTEUR.

Il y a long-temps que vous auriez dû le faire!

LE CAPITAINE.

C'est sa faute: pourquoi n'est-elle pas venue me voir plutôt?

LE DOCTEUR.

Rendons graces au ciel de ce qu'elle n'est pas venue trop tard. — Maintenant, mon cher Capitaine, écoutez l'ordonnance du médecin et la prière de l'ami. — Votre ame a reçu aujourd'hui des secousses si violentes, que vous avez besoin de vous distraire. — Il faut d'abord prendre un peu l'air.

LE CAPITAINE.

Très-volontiers : un vieux marin ne se fait jamais prier pour cela.

LE DOCTEUR.

J'ai invité quelques bons amis à un petit goûté; et le lieu où nous nous proposons jouir de cette belle soirée du printemps.... vous excuserez ma hardiesse.

LE CAPITAINE.

Comment?

LE DOCTEUR.

J'ai disposé de votre jardin.

LE CAPITAINE, gaiment.

C'est à mon jardin?

LE DOCTEUR.

J'ai pensé qu'après quinze ans, vous seriez bien aise de revoir un endroit où chaque buisson vous retracera les plaisirs de votre enfance.

LE CAPITAINE.

Vous aviez raison. — Je suis sûr qu'en y entrant, j'éprouverai un je ne sais quoi.... Est-ce que la vieille porte du jardin existe encore?

LE DOCTEUR.

Oui.

LE CAPITAINE.

Je me souviens qu'étant enfant, avec un crayon rouge, j'y dessinai un jour un houssard à cheval.

LE DOCTEUR.

Il n'est pas encore tout-à-fait effacé.

LE CAPITAINE.

En vérité? il y est encore? Tant d'autres sont morts depuis ce temps-là; — et le mien galope toujours! — Oui, certes, j'irai au jardin avec grand plaisir! — Tout de suite encore!

SCÈNE X.

LES PRÉCÉDENS, BULLER.

LE CAPITAINE, avec joie.

Ah! te voilà, Buller! viens, mon ami.

BULLER, avec un air préoccupé.

Mon Capitaine.....

LE CAPITAINE.

Vîte, les chevaux à ma voiture.

LE DOCTEUR.

C'est inutile, j'ai la mienne.

LE CAPITAINE.

Nous sortons, Buller; devinerais-tu où nous allons?

BULLER.

Non.

LE CAPITAINE.

A mon jardin: il est à moi à présent! Donne-moi mon chapeau.

BULLER, tranquillement.

Avant que de sortir, vous avez une petite expédition à faire.

LE CAPITAINE.

Quoi donc?

BULLER.

Il faut chasser madame Wolf.

LE CAPITAINE.

Ah! ah! tu lui en veux trop.

BULLER.

Pas assez. Ce matin vous m'avez traité de calomniateur; ce mot pèse encore là. — Et quand le hasard me procure l'occasion de vous détromper, je ne dois pas la laisser échapper.

LE CAPITAINE.

Tout ce que tu diras ne servira de rien. Eh bien! si l'on me trompe, que veux-tu que j'y fasse?

BULLER.

Comment, ce que je veux?... sachez.... — Si la lettre eût été cachetée, je n'aurais jamais osé l'ouvrir; mais....

LE CAPITAINE.

N'en dis pas davantage: quand je me suis mis dans la tête que quelqu'un m'aime, ce serait me rendre un mauvais service que de me prouver le contraire.

BULLER, mettant la main sur son front.

Mais ma tâche est encore là.

LE DOCTEUR.

Il a raison; — vous ne devez pas le laisser en butte aux soupçons.

LE CAPITAINE.

Mais s'il se trompe?

LE DOCTEUR.

Alors c'est sur lui que retombera sa dénonciation.

LE CAPITAINE, vivement.

J'en serais bien fâché, car je l'aime.

BULLER.

Je ne crains rien. — Lisez....

LE DOCTEUR.

C'est de l'écriture de Raffer. (il lit) « Tout est perdu; »le procès est terminé, et la réconciliation suivra »sans doute. Le plus prudent est de remettre entre »mes mains ce que vous avez de plus précieux, »pour éviter les suites d'une recherche qui pour»rait faire soupçonner votre probité. — Si l'on vous »demande des comptes que vous ne puissiez rendre, »accusez Buller de tout».

BULLER.

Le scélérat!

LE CAPITAINE.

Ceci me fait voir que Raffer est un mauvais sujet; — mais qu'est-ce que cela dit contre madame Wolf?

BULLER.

Continuez, M. le Docteur.

LE DOCTEUR continue.

« Répondez-moi, sur ma lettre même. Je ne

» serai tranquille que quand elle me sera rendue ». Ceci est de l'écriture de madame Wolf « Je crains » que ce misérable docteur », (s'interrompant) c'est moi « abusant de la faiblesse de mon vieux bourru », (de même) c'est vous, « ne le porte à revoir son frère », (engageant le Capitaine à suivre des yeux ce qu'il va lire) « puissent-ils mourir tous les trois avant ce fatal moment »!

LE CAPITAINE, outré.

Ah, la malheureuse!

BULLER, en colère.

A présent, laissez-moi faire.

LE DOCTEUR.

Restez, Buller. — Vous avez trop d'emportement, et le Capitaine trop de faiblesse, pour entreprendre une pareille expédition. — Je m'en charge; prenez ma voiture, allez tous les deux au jardin, et laissez-moi le soin du reste.

LE CAPITAINE.

Vous me rendez un grand service.

LE DOCTEUR.

Je le crois.

LE CAPITAINE, en s'en allant.

Mon ami, ne la perdez pas.

LE DOCTEUR.

Soyez tranquille. — Un méchant est assez puni quand on l'empêche de consommer son crime.

FIN DU TROISIÈME ACTE.

ACTE IV.

Le théâtre représente un jardin inculte ; deux berceaux de verdure sont placés au-devant du théâtre ; un vieux poirier à gauche.

SCÈNE PREMIÈRE.

PHILIPPE, ANNE, entrant.

PHILIPPE.

Arrêtons-nous ici ! — Que je puisse me livrer tout entier aux doux sentimens que j'éprouve : — Anne ? aujourd'hui, mes regards peuvent se reposer tranquillement sur ces vieux témoins des jeux de mon enfance : hier, j'en aurais détourné la vue....

ANNE.

Pourquoi ?

PHILIPPE.

Depuis quinze ans, et pendant mes plus beaux jours, la discorde planait sur ce jardin, comme un nuage ténébreux : enfin, sur le soir de ma vie, l'horizon s'est éclairci, et le calme a succédé à la tempête. Mon frère fut l'ami de mon jeune âge ; il me sera permis de l'aimer encore; ah! je respire plus librement.

ANNE.

L'accueil qu'il a fait à sa nièce me raccommode avec lui; — je le vois bien, il n'a pas cessé d'être le bon François.

PHILIPPE.

Oui, je le crois: il fut toujours bon; mais des méchans, par leur souffle empoisonné....

ANNE.

Ce procureur Raffer, par exemple?

PHILIPPE.

Oh! non, non: je ne crois pas....

ANNE.

Il était sans cesse à vous rapporter....

PHILIPPE.

Anne, laissons cela. — Le cœur de mon frère a pris le dessus: — il ne sera plus insensible aux douceurs de l'amitié fraternelle. Oublions tout ce qui a pu retarder ce moment.

ANNE.

Sans le bon Docteur....

PHILIPPE.

Ah! quel homme! (regardant le vieil arbre, avec intérêt) Anne, tiens, vois-tu nos chiffres sur l'écorce de ce vieux poirier?

ANNE.

Oui, je vous les ai vus faire.

PHILIPPE.

Ils croissent depuis quarante ans avec l'arbre, et leur trace est ineffaçable. (Philippe allant au berceau à droite) Asseyons-nous sous ce berceau. (souriant) C'est ici que j'enrageais quelquefois d'être obligé de faire mes devoirs de classe.

ANNE.

Je m'en souviens.

PHILIPPE, après une pause.

Qui osera me dire que la vieillesse n'a plus de plaisirs? En retournant par la pensée dans l'heureux temps de son enfance, l'homme repasse dans sa mémoire ses premières sensations, et ce souvenir est un charme pour lui. Ah! la jeunesse abuse du présent, et la vieillesse jouit du passé.

(Il se lève et se promène sous le berceau.)

SCÈNE II.

PHILIPPE et ANNE sous le berceau à droite; on les perd de vue : LE CAPITAINE et BULLER arrivent par le fond, et prennent le chemin du berceau à gauche.

LE CAPITAINE.

BULLER, tu ne saurais croire le plaisir que j'éprouve à revoir mon jardin.

BULLER.

Et moi, à ne plus revoir la vieille Wolf.

LE CAPITAINE.

Laissons cela; je veux oublier ce que j'ai vu, pour ne m'occuper que de ce que je vois.

BULLER, avec joie.

Un jardin de plus, et une méchante femme de moins!

LE CAPITAINE, brusquement.

Va-t-en au diable! (Buller le regarde d'un air interdit) Mon ami, va trouver le Docteur, ramène-lui sa voiture; — mais n'entre pas chez moi : reste en croisière à la porte; et si tu vois sortir cette méchante créature qui me trompait si indignement, laisse-la passer sans lui rien dire; — je t'en prie.

BULLER.

Cette prière vaut tous les ordres du monde.

(Il sort.)

SCÈNE III.

LE CAPITAINE, seul.

Si le compagnon de mes voyages avait vu pleurer son vieux Capitaine, deux fois dans la même journée, il en aurait ri, et déjà les larmes me revenaient aux yeux. Allons donc.— Je fais l'enfant, je crois? (il s'arrête appuyé sur son bâton, et regarde de tous côtés.) Eh! voila le vieux poirier! Comment? le vieux poirier existe encore! — mon frère et moi, comme nous grimpions dessus dans notre jeune âge! — Je n'avais pas la goutte dans ce temps-là. (cherchant à reconnaître le local) Eh mais.... c'est ici le parterre où ma mère cultivait des fleurs! — Oh!

comme cet endroit est inculte et sauvage! Notre désunion a transformé en ronces les lilas et le chèvre-feuille. Asseyons-nous sous ce berceau, (avec joie) c'est ici que j'ai lu, pour la première fois, les Aventures de Robinson Crusoé.

SCÈNE IV.

LE CAPITAINE, sous l'un des berceaux à gauche; PHILIPPE et ANNE reparaissent dans l'autre.

PHILIPPE, s'asseyant.

A travers la charmille, il me semble avoir vu passer quelqu'un.

ANNE, avançant la tête.

Je vois un homme sous le berceau en face de nous.

PHILIPPE, s'avançant aussi.

C'est un des convives du Docteur apparemment.

LE CAPITAINE, les apperçevant.

Il y a du monde là.

PHILIPPE.

Anne? je crois connaître le visage de ce bon vieux.

LE CAPITAINE.

J'ai vu quelque part ce vieillard malade.

ANNE.

Je pense en effet que c'est une ancienne connaissance.

PHILIPPE.

Je le pense de même.

LE CAPITAINE.

La physionomie de cette vieille ne m'est pas inconnue.

ANNE.

J'ai vu cet homme, ou j'ai rêvé de lui.

PHILIPPE, ému.

Où est le Docteur? — son absence me contrarie... Je voudrais savoir.....

LE CAPITAINE, regardant toujours le berceau.

La curiosité me tourmente.

PHILIPPE, à Anne.

Où est Charlotte?

ANNE.

Elle cueille des fleurs, je crois.

LE CAPITAINE.

Le Docteur ne revient pas!

PHILIPPE, regardant à travers la charmille du côté des coulisses.

N'est-ce pas elle que j'apperçois?

ANNE.

Je pense que oui. — Je vais le voir.

SCÈNE V.

LE CAPITAINE, dans le fond du berceau à gauche; LE DOCTEUR, avançant par le fond; PHILIPPE est occupé à regarder du côté opposé; ANNE s'éloigne. Le Docteur approche.

LE DOCTEUR, au Capitaine.

ENFIN, mon bon ami, vous voilà débarrassé d'un bien mauvais sujet.

LE CAPITAINE, d'un air triste.

Elle est partie?

LE DOCTEUR.

Ce n'a pas été sans peine. — Buller attend la voiture qui doit emporter ses effets, et de suite il viendra vous rejoindre.

LE CAPITAINE, vivement.

Buller ne l'a pas maltraitée?

LE DOCTEUR.

Buller n'a jamais passé vos ordres.

LE CAPITAINE.

Jamais. C'est un brave homme.

LE DOCTEUR.

Eh bien! mon ami, ce lieu-ci vous plaît-il?

LE CAPITAINE.

Si fort, que je desirerais y finir mes jours.

(en lui montrant l'autre berceau) Ecoutez donc... ce vieux malade qui est là, sous cet autre berceau, est-il un de vos convives ?

LE DOCTEUR.

Oui.

LE CAPITAINE, gaîment.

Est-ce que vous voulez établir un hospice dans mon jardin? vous n'y invitez que des malades !

LE DOCTEUR.

Et j'espère les renvoyer tous en bonne santé.

(Le Docteur va à l'autre berceau.)

LE CAPITAINE.

Jolie manière de traiter les gens !

ANNE, reparaissant sous le berceau.

La voilà qui vient.

PHILIPPE.

Ah ! voici le Docteur.

SCÈNE VI.

LES PRÉCÉDENS, CHARLOTTE, portant des fleurs dans son tablier.

LE CAPITAINE, voyant Charlotte.

CHARLOTTE! tu es donc des nôtres ?

CHARLOTTE.

Oui, mon cher oncle.

(Elle répand des fleurs d'un berceau à l'autre.)

LE DOCTEUR, s'approchant de l'autre berceau.

Comment vous trouvez-vous?

PHILIPPE.

Fort bien: — mais dites-moi quel est cet homme à qui vous parliez?

LE DOCTEUR.

Un de mes amis.

LE CAPITAINE, à Charlotte.

Que fais-tu là, Charlotte?

CHARLOTTE.

Je parsème de fleurs un chemin, qui trop long-temps a été couvert d'épines.

LE CAPITAINE, à part.

Qu'est-ce que cela signifie?

PHILIPPE, comme s'il répondoit à une question.

Oui, je me sens très-bien; — mais cet homme?

LE DOCTEUR.

Est mon ami, vous dis-je.

LE CAPITAINE.

Charlotte?

PHILIPPE.

Docteur?

CHARLOTTE, s'approchant du Capitaine.

Mon oncle!

LE DOCTEUR, à Philippe.

Mon ami!

LE CAPITAINE, à Charlotte.

Connais-tu ce vieillard que je vois là-bas?

PHILIPPE.

N'ai-je pas vu cet homme quelque part?

CHARLOTTE, souriant.

Si je le connais? oh! oui, très-bien.

LE DOCTEUR, souriant.

Si vous l'avez vu? oh! oui, souvent.

LE CAPITAINE.

Qui est-il?

PHILIPPE.

Est-ce un convive?

CHARLOTTE lui prenant la main, et lui parlant comme en confidence.

Vous ne me l'auriez pas demandé il y a quinze ans!

LE DOCTEUR.

Je l'ai invité parce que c'est aujourd'hui l'anniversaire de sa naissance.

LE CAPITAINE, très-ému.

Il y a quinze ans!

PHILIPPE, très-ému.

De sa naissance!

(Après une petite pause.)

LE CAPITAINE, à Charlotte, un peu brusquement.

Qui est-il?

PHILIPPE, avec inquiétude.

Son nom?

CHARLOTTE, avec douceur et s'éloignant un peu.

Vous desirez le connaître?

LE DOCTEUR.

Vous voulez le savoir?

LE CAPITAINE, à Charlotte.

Parle; je te l'ordonne.

PHILIPPE, au Docteur.

Dites, je vous en prie.

CHARLOTTE va se jeter dans les bras de son père, et s'écrie :

C'est mon père!

LE DOCTEUR, s'approchant du Capitaine, et lui montrant Philippe.

C'est votre frère!

LE CAPITAINE.

Lui!

PHILIPPE.

Lui!

(Scène muette. Les deux frères, très-émus, se jettent des regards à la dérobée. Le Docteur et Charlotte les examinent avec joie, tandis qu'Anne, au-devant du berceau, achève le tableau en restant stupéfaite.)

LE CAPITAINE, à part.

Comme il a l'air souffrant!

PHILIPPE, à part.

Comme il a vieilli!

LE CAPITAINE, à part, avec regret.

Mon frère est pauvre!

PHILIPPE, avec crainte, n'osant aller à lui.

Mon frère est riche!

LE CAPITAINE, à part.

Il a manqué du nécessaire, tandis que madame Wolf me volait!

PHILIPPE, à part.

Si je cédais à mon cœur, il douterait de sa pureté.

(Silence. Charlotte, au milieu du théâtre, étend ses mains vers les deux berceaux, et avec un air touchant regarde alternativement son père et son oncle.)

PHILIPPE se lève et fait un pas hors du berceau.

Fausse honte! cesse de m'arrêter.

LE CAPITAINE, à part, se levant brusquement.

Dieu me pardonne, je crois qu'il vient!

(Philippe s'arrête en voyant le mouvement de son frère.)

CHARLOTTE à son oncle, lui faisant signe de venir.

A moi, mon cher oncle!

LE CAPITAINE, très-ému.

A toi?... que.... veux-tu.... que je fasse.... près de toi?

CHARLOTTE.

A moi, mon père....

PHILIPPE, s'approchant d'elle et lui donnant la main.

Ah! de tout mon cœur.

CHARLOTTE, d'un ton suppliant.

Mon oncle! mon cher oncle!

LE CAPITAINE, s'approchant comme attiré par l'aimant, et guidé par le Docteur.

Eh bien!... eh bien!... me voilà....

CHARLOTTE, au Capitaine.

Votre main....

LE CAPITAINE.

Ma main?...

CHARLOTTE, suppliant.

Mon cher oncle!

LE CAPITAINE, la lui donnant.

Eh bien !... la voilà.

CHARLOTTE, l'attirant un peu.

Plus près.... plus près encore.

(Elle attire à elle les deux mains et les joint ensemble. Silence.)

PHILIPPE, d'un ton douloureux.

O mon frère !

(Le Capitaine le regarde, jette son bâton, et lui tend les bras. Philippe s'y précipite.)

SCÈNE VII.

LES PRÉCÉDENS, BULLER.

(Au moment où les deux frères s'embrassent, le Docteur s'appuie contre la charmille, la main droite sur son cœur; Anne s'assied sur le banc, et se couvre le visage avec son mouchoir; Philippe et le Capitaine se tiennent embrassés; Charlotte avance près des rampes, se jette à genoux, les bras élevés au ciel, et semble le remercier de cette heureuse réunion; Buller entre par le fond, et pour que les ronces ne l'empêchent pas de voir ce tableau, il met le pied sur la racine du poirier, et se tient à une branche.)

LE CAPITAINE, d'un ton touché.

PHILIPPE, tu as souffert : ton extérieur me le reproche.

PHILIPPE.

J'ai été malade; — ton amitié va me rendre la santé.

LE CAPITAINE, à demi-voix.

As-tu des dettes?

PHILIPPE.

Graces à tes bienfaits....

LE CAPITAINE, étonné.

A mes bienfaits?

PHILIPPE.

Malgré nos discordes, tu m'as secouru....

LE CAPITAINE, d'un air pénétré.

Philippe, c'est mal.

PHILIPPE.

Quoi?

LE CAPITAINE.

Tu veux me faire rougir.

PHILIPPE.

Ma reconnaissance ne doit pas t'offenser.

LE CAPITAINE.

Tiens: dis-moi plutôt des injures.

PHILIPPE.

Mon loyer payé, — mes mémoires....

LE CAPITAINE, brusquement.

Ce n'est pas moi.

PHILIPPE, étonné.

Ce n'est pas toi?

LE DOCTEUR.

A quoi bon ces éclaircissemens?

CHARLOTTE, qui a épié le Docteur.

Mon père, le Docteur a rougi, — c'est lui.

LE CAPITAINE.

Quoi?

PHILIPPE.

Homme généreux....

LE DOCTEUR.

Où est donc la générosité? J'ai cherché les moyens de rapprocher vos cœurs, et je n'ai que le mérite d'avoir prévenu le dessein de votre frère.

LE CAPITAINE.

Docteur! vous me punissez sévèrement, mais je vous remercie de la leçon.

SCÈNE VIII ET DERNIÈRE.

ANNE, CHARLOTTE, PHILIPPE, LE CAPITAINE, LE DOCTEUR, BULLER.

BULLER, *s'avançant.*

VIVE la joie! mon Capitaine; vos ordres sont exécutés; elle est partie.

LE CAPITAINE.

Bon voyage! n'en parlons plus. — Mon vieux Buller, à présent il ne me reste plus que toi pour me servir.

CHARLOTTE, *avec tendresse.*

Et moi!

PHILIPPE.

Et moi!

ANNE.

Et moi!

LE DOCTEUR.

Et moi donc?

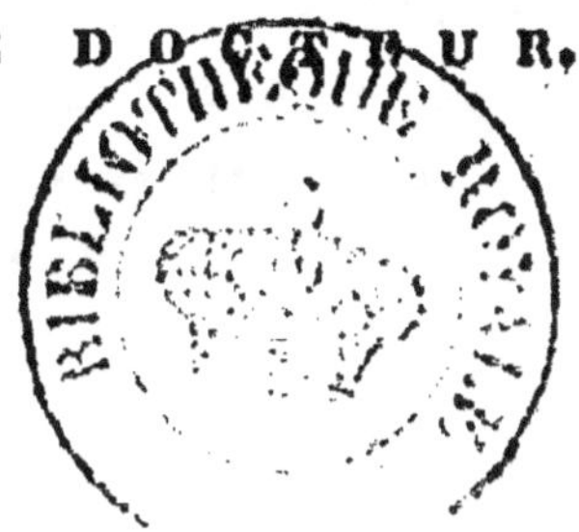
BIBLIOTHÈQUE ROYALE

LE CAPITAINE, attendri.

Oui, vous tous, vous tous. — Hé! n'est-ce pas là la vieille Anne?

ANNE.

Bon François!

LE CAPITAINE.

Donne-moi cette main qui guida les premiers pas de mon enfance; — tu as été fidelle, tu ne manqueras de rien. — Buller, te rappelles-tu le moment où je fis cette riche prise espagnole?

BULLER.

Oui; vous vous écriâtes : — « Buller ! je suis riche à jamais ».

LE CAPITAINE, avec enthousiasme.

Je le suis bien plus aujourd'hui! (à son frère en lui tendant les bras) Viens dans mes bras!

PHILIPPE, s'y précipitant.

Mon frère!

LE CAPITAINE.

Appelle-moi *François*.

PHILIPPE.

Mon cher François!

LE CAPITAINE, à sa nièce.

Tu sais, Charlotte, ce que j'ai promis à ta mère.

CHARLOTTE.

Elle vous entend.

LE CAPITAINE.

Venez, venez m'embrasser à la fois. (Son frère et

sa nièce sont dans ses bras ; Anne lui baise une main, Buller baise l'autre. Le Docteur jouit de ce spectacle.) S'il ne m'est pas possible de vous contenir dans mes bras, — vous serez tous dans mon cœur.

LE DOCTEUR.

Ah ! la discorde n'existerait plus sur la terre, si tous les hommes savaient combien il est doux de se réconcilier !

FIN DU QUATRIÈME ET DERNIER ACTE.

DE L'IMPRIMERIE DE CRAPELET.

www.ingramcontent.com/pod-product-compliance
Lightning Source LLC
LaVergne TN
LVHW010614110826
845149LV00003B/911